17 ANYS, PRIMER VIATGE A ITÀLIA

17 anys primer viatge a Itàlia

ORIOL VERGÉS

COLUMNA JOVE

Onzena edició: agost de 1996
Projecte gràfic: Ricard Badia

Carrer Viladomat, 135 - 08015 Barcelona
ISBN: 84-7809-103-3
Dipòsit legal: B. 26.802-1996
Imprès a Balmes, S.L.
Carrer Amadeu Torner, 111 - 08902 L'Hospitalet de Llobregat

Als companys que han organitzat semblants aventures i als nois i noies que les han viscudes.

I també als amics de la colla de l'Eulàlia a Vilassar de Mar: la Míriam, la Lisi, l'Anna, en Francesc, l'Albert, en Carles, en Sergi, en Robert i els Jordis.

NOTA DE L'AUTOR

Els personatges d'aquesta novel·la són ficticis. Pel que fa a algunes de les situacions, no gosaria dir el mateix...

1

L'autocar ha sortit de davant de l'institut amb una hora i quart de retard, que Déu n'hi do! Jo estava ben neguitós i el ximple d'en Joan deia que era un fet que sol ocórrer en aquest tipus de viatges escolars, que teníem una setmana per endavant i que no calia neguitejar-se... Sembla mentida que ho digués ell, en Joan Valls, professor agregat de matemàtiques i que, per definició, hauria de ser un home que vetllés per les coses amb una precisió i puntualitat matemàtica. A més, ¿què volia dir amb això d'«aquest tipus de viatges»? ¿O és que els alumnes no han pagat a l'agència? D'acord que sempre es regateja i que els de l'agència ajusten força els preus, però han de complir i el primer és la puntualitat de l'hora de sortida.

A mi, Pere López, catedràtic de física, la qüestió de la manca de puntualitat em posa frenètic. Ho sé i no m'estic pas de dir-ho. A les cites, arribo sempre cinc minuts abans i, a l'institut, a primera hora del matí, un quart abans, i hi ha dies que, fins i tot, haig d'esperar que arribi el conserge a obrir la porta.

I si tothom fes com jo, les coses anirien d'una altra manera, a l'institut i arreu. Per descomptat que a l'aula no deixo entrar ningú darrere meu i compleixo estrictament amb el descans de cinc minuts entre classe i classe. Comprenc que algun alumne hagi d'anar al lavabo, tot i que ja són grandets i grandetes per saber-se aguantar. Però és que havent començat a explicar qualsevol principi de física, i no cal dir els dies que fem pràctiques al laboratori, em rebenta que truquin a la porta i aparegui algú amb cara d'innocent i em digui: «Dispensi, és que el metro s'ha endarrerit»... Mentida, ha tocat el despertador i no t'has llevat, inconscient. Ja farem gran el país, així...

En canvi, a la d'història, la Mercè Busquets, a vegades li arriben deu minuts tard i encara els deixa entrar. Si és que ho veig a través de la finestra del vidre de la porta, el dimecres a dos quarts de nou, a la primera hora del matí. La Mercè no sé pas què pensa, de veritat, quan diu: «Hem de ser comprensius, són adolescents i en aquesta època de la vida sorgeixen molts conflictes...»

Conflictes? Punyeta! Aquests nois i aquestes noies de l'institut són uns ganduls en potència... I uns malcriats, ara, ja! Si van amb miraments, se'ls rifaran. A mi, no, però. Amb els alumnes s'ha de ser rigorós, i comprensiu fins a un cert límit, vaja, que ho tinc ben clar, jo.

I la Mònica? Aquella noia morena dels cabells llargs, que a classe seu a l'última fila a mà esquerra, i que sempre sembla que estigui a la lluna. Aquesta mossa s'ha passat tota l'estona de l'espera dels autocars festejant amb el seu xicot.

Bé, si és que se'n pot dir festejar, i se'n pot dir xicot del noi que l'acompanyava. Ben abraçats i petonejant-se, asseguts, ella i el noi, en un pedrís del pati. I els pares, on eren? Ho he preguntat i es veu que no han vingut a acomiadar-la. És clar, si la nena marxa de viatge ja s'ho farà... Cadascú pel seu costat, deuen creure que així es viu millor!

Si la meva filla petita, la Montse, es comportés d'aquesta manera, ben segur que rebria, potser no un clatellot, però sí una bronca que recordaria temps, encara que faci el tercer curs.

Sembla que jo aniré al mateix autocar que la Maite, la d'educació física. No sé pas com es diu de cognom, i potser només hi he parlat tres vegades, perquè mai no coincidim a la sala de professors. Sembla bona noia, tan fineta i rossenca. Ara que, al viatge, si no aixeca una mica la veu, els alumnes se la menjaran viva, perquè d'aspecte físic és com les alumnes... Ja em cuidaré jo de mantenir l'ordre... Tot i que no sóc el cap de l'expedició, que ho és la bleda de la Mercè Busquets, durant el viatge es farà el que jo digui, i prou. I ja veurem què passarà a l'altre cotxe, amb en Valls i la Mercè!

Ella, a la reunió amb els pares i els alumnes per parlar del viatge, només se li va acudir de dir:

«El viatge de final de Batxillerat ha de ser fruit d'una col·laboració entre vostès, els nois i noies i els professors acompanyants... Vostès perquè l'han pagat, són els espònsors —per mi que sempre es vol fer la graciosa—. Els alumnes perquè tenen dues obligacions: passar-s'ho bé i guardar-ne un bon record, i aprendre a viatjar en grup en el seu primer viatge d'envergadura. A més, han de prendre contacte amb les grans obres d'art, que de ben segur que tornaran a visitar —no et fot, la bleda—. El primer i el més important és la conducta, perquè el viatge ha de ser una prolongació del comportament a la classe. —I ara! Només ens faltava aquesta.

»I els professors —va continuar ella—, que hi anem de bon grat, volem conèixer millor els nois i les noies i divertir-nos amb ells —i va afegir, per mi que era per donar-se importància—: en el meu cas, em fa molta il·lusió veure si ja han acabat la restauració dels frescos de Ghirlandaio a Santa Maria Novella de Florència.»

I tots els pares li van somriure la gracieta. Sort que després vaig parlar jo i vaig deixar unes quantes coses ben clares. Tots callaven quan vaig començar a parlar:

«Al viatge hi haurà unes faltes de disciplina que es

consideraran molt greus. La primera, la repetida falta de puntualitat. Tinguin en compte que portem vuitanta alumnes i que no podrem estar esperant la gent. Ah, i sobretot, serà gravíssim no anar a dormir a l'hotel o a l'alberg, sigui pel motiu que sigui; i els albergs de joventut, a Itàlia, tanquen a les onze. Una altra falta, mereixedora del càstig d'enviar l'alumne a Barcelona, per avió i pagant vostès, serà causar algun desperfecte als allotjaments... Tot això que quedi ben entès!»

Per fi arrenquem. A veure si puc escriure alguna impressió per a un diari de viatge. El penso ensenyar a alguns companys del claustre. N'hi ha que creuen que els de física som incapaços d'escriure bé.

«La redacció de les normes d'ordre intern del centre, val més que les preparin els del seminari de català», deia el pallús del director a la primera reunió del curs.

Jo els demostraré que sé escriure en un català correcte i atractiu. I és que, passada la cinquantena, aquest haurà de ser el meu darrer viatge amb els alumnes... Prou que em recorda l'edat, la cap d'estudis:

«Senyor López, ¿vol que provem de demanar aquella reducció d'hores que han promès? Potser la hi concediran el curs vinent i podrà anar més descansat, vostè...»

Que no! Que no em cal cap reducció d'hores. Em trobo en plena forma física, i mental, no cal dir-ho...

M'agradaria veure a quina classe els alumnes callen més que a la meva; a cap, n'estic ben segur.

A veure, el diari podria començar així:

«El pati de l'institut bullia d'animació i els nervis continguts dels nois i les noies pujaven.» No, queda millor «afloraven». Això: «afloraven als rostres dels nois». No, tampoc, ja ho he escrit, «nois». Millor «alumnes que feien i desfeien les rotllanes on cercaven els amics, enmig de les bosses de viatge.

»Els pares donaven les darreres recomanacions i feien les reflexions precises d'acord amb el que els acompanyants els havíem indicat per treure'n el màxim profit intel·lectual i artístic del viatge». No, ep! Jo diria que sobra la ena de «treure'n»...

«Tot eren somriures i promeses de felicitat als llavis i als cors tendres dels alumnes de tercer curs...»

Vaja!... ¿Qui deu haver estat el mal... que ha engegat el cassette tan fort? I amb aquesta música esgarrifosa i enervant que tant els agrada. Mira que em quedava bé i íntim el començament del diari...

—Com dius, Maite?... ¿Que ja ens podem anar acostumant a aquesta música?... Ah, no, jo la faré callar quan em sembli... Aniríem ben arreglats si fins i tot en això fessin el que volen!

*

*　*

L'hora d'espera de l'autocar no se m'ha fet gens llarga tot i els nervis, i sort que han deixat els lavabos oberts. Ha estat una mica empipador que també vingués l'àvia a acomiadar-me...

«No la deixarem pas sola a casa. El diumenge a la tarda sempre surto amb ella, al cinema o a berenar, mentre el teu pare és al futbol, que avui l'home tampoc no ha pogut deixar... Almenys, suposo que t'haurà desitjat un bon viatge abans de marxar de casa...»

Deu tenir raó, la mare. A més, també han anat a acomiadar en Marcel uns oncles... A ell sí que se'l veia una mica avergonyit...

La mare i l'àvia quan es posen a donar consells són un plom, però...

«A les nits fa fred encara, posa't aquell jersei més gruixut que et vaig fer l'any passat... Sobretot, si sortiu de nit, aneu en grup, que a Itàlia és molt diferent d'aquí...»

M'imagino que la mare deia això perquè la sentís la senyora Esponellà. Volia fer l'entesa i em sembla que a Itàlia hi va anar amb el pare, almenys, fa deu anys... Hosti! Sí que deu haver canviat la cosa...

Sort que he pogut seure al costat d'en Marcel. Se'l veu com alliberat ara que ja no hi són els de la seva família. És clar que més endavant deurà canviar de seient. Haig de buscar conversa... Jo no sé pas si ell és dels de la classe que em consideren una mica... ¿Com diria? Aturada, no, millor tímida...

—Hola, Marcel Sistachs...

—Déu vos guard, Olga Martínez...
—Noi, si que estàs educat.
—No ho estic, ho sóc... Mira, mira, com s'hi fixa el Corb.
—Qui?
—En López, el de física, està buscant si algú fuma... Però què es pensa, el tio? ¿Que som als passadissos de l'insti?... Tu, *gili*, Marc!
—Què et passa?
—Escolta, a aquest guàrdia civil que duem, li n'hem de fer alguna... Pensa, si és que en saps...
—Què cony dius?...
—Que aguantar en López pot ser mortal de necessitat... Quin pal que ens hagi tocat a l'autocar... Mira, tu, ara li pren la llista a la Maite...
—Senyoreta Mònica Palau... Senyoreta Mònica Palau!... ¿Vol fer el favor de contestar quan jo passi llista?
Ja pot anar cridant, ja, que la Mònica encara està en el record de les carantoines amb el seu manso. Ha estat massa. I ho ha fet perquè totes la veiéssim, n'estic ben segura... Vaig a veure si escric alguna cosa...
«Hem sortit de Barcelona a les set d'avui diumenge 12 de març.» ¿A qui pot interessar el dia que hem sortit? Em sembla que un diari de viatge es comença així, però...
—Ei, Olga, què fas?... No fotis! ¿No em diguis que faràs un diari?...
—La Mercè ho ha repetit moltes vegades.

—Deuràs ser l'única... A més, si tu ja treus notable d'història. Això jo, que m'ha catejat les dues avaluacions, la... Hosti! Quina idea! Tu l'escrius i després, durant les vacances de Setmana Santa, me'l deixes. No me'l copiaré pas al peu de la lletra, no pateixis... És tan bona fe, la dona, que encara m'aprovarà...

Ara han engegat el cassette, guai! Veus?, jo hauria pogut dur cintes. És clar que si no agradaven a la gent... Segurament alguns de la classe haurien dit que les meves cançons preferides són una mica rotllos o passades de moda...

*

*   *

No sembla pas un mal grup, aquest; i dos autocars són fàcils de controlar. No pas com els ximples d'aquella escola, *joer*, que anaven quatre autocars a Amsterdam, dels quals jo en conduïa un, i els vuit professors es van passar el viatge atenent criatures que anaven ben drogades dels porrets que es fumaven. Marejats, en deien ells.

I quina planxa, tu. Quan ha pujat aquella rosseta que va amb un xandall blau, li he dit:

—Escolta, nena, no vull que poseu els peus al respatller del seient del davant. *Comprendido*?

—No pateixi, ja ho diré als alumnes. Espero que ho compliran...

Resulta que és una professora, la de gimnàstica

m'ha dit un xicot; i es veu que li tenen molta confiança. Mentre tots seien, mirava les cintes que duien i repetia:

—Però és que només existeixen els Mecano en aquest país... Ningú no ha dut The Police?

—Apa, tia, que estàs una mica antiquada, tu!

I ella s'ho prenia la mar de bé... Si és que avui dia, com han canviat les coses! Sempre recordaré aquell professor que els alumnes de tornada de París van ben entrompar. Vaig haver de fer una marrada per deixarlo a la porta de casa seva perquè els pares no el veiessin en arribar al col·legi.

Qui no pot negar el seu ofici és aquest senyor alt i prim que camina encorvat i amb els braços una mica separats, com si anés a arrencar el vol. López, m'ha semblat que li deien. Tan bon punt ha pujat m'ha demanat:

—Com es diu vostè?

—*Antonio, para servirle.*

—¿I com és que arriba amb més d'una hora de retard? Aquests nois i noies són tan clients de la seva agència com qualsevol altre...

—*Oiga, oiga*, que no ha estat culpa meva ni del meu company. Resulta que hi ha una escola de nens, a l'altra punta de Barcelona, que té el mateix nom que el seu institut... I, tot i que és diumenge, travessar Barcelona és lent... A l'agència només ens havien donat el nom de l'institut però no pas l'adreça...

—Bé, bé, espero que no tornarà a passar...

I és que els xofers ens trobem amb cada cosa! Mira, ja volen que els posi una cinta... Sí, nois, sí, *a mandar*. Almenys no m'hauré d'empassar allò del «*señor conductor, acelere*» dels nens petits, que em fum una puntada de peu *en los mismísimos*...

2

Sempre ho he dit: aquests nois i noies viatgen com les maletes, que no saben on van ni per on passen. Ves, ara que ens queda el Montseny a mà esquerra i és tan bonic amb aquesta llum del capvespre... Ells ni tan sols miren per la finestra, enderiats a parlar de les seves coses, de les bestieses que deuen haver comentat més de mil cops.

El Turó de l'Home encara es veu impressionant amb la seva majestuositat. Això ho escriuré al diari... Més tard, però. Ara haig d'estar atent perquè el viatge comenci bé.

Sort que ens queden dues fileres de seients buits i podré viatjar sol sempre que vulgui. La Maite, l'estona que ha segut al meu costat m'ha posat una mica nerviós. Ves quines converses de tenir amb aquelles dues alumnes:

—Et queda bé aquest xandall, Maite; no te l'havíem vist mai.

—L'estreno avui... El viatge bé s'ho mereix...

—Tu el que vols és impressionar els italians, no dissimulis, no.

—Noia, més val fer bon efecte. Em jugaria qualsevol cosa que totes us heu comprat alguna peça de roba... No és veritat?

—Jo vaig anar a «New York city», a la Rambla de Catalunya, que tenen uns jerseis preciosos.

—Per a vosaltres. Jo, a la meva edat, ja haig de vigilar què em poso.

—Tu?... Però si no deus arribar als vint-i-cinc!

—Vint-i-set, maca, vint-i-set...

—No ho sembla pas. Et juro que te'n feia uns vint-i-tres, màxim vint-i-cinc.

—Gràcies, noies. Si d'aquí uns anyets encara recordéssiu els exercicis que fem a les classes, lluiríeu de tipet, maques...

Però, on s'és vist? ¿Què dallonses els importa als alumnes l'edat del professor? Ja els diria la meva, ja, si gosessin preguntar-me-la. Un bon moc que els clavaria... Ara que, ben mirat, als meus cinquanta-vuit anys em mantinc la mar de bé. Que estic prim? Sempre ho he estat i els cabells se'm van començar a esclarissar a la trentena...

Cinquanta-vuit anys! Algun cop, quan hi penso, em neguitejo una mica. D'aquí a set anys ja em jubilaran. És clar, que podré fer moltes coses que no he tingut ocasió de fer... La meva dona i jo viatjarem, vaja, si és que a ella li ho permet el reuma. I això encara, el que no ho permetrà serà el sou de la jubilació, tan minso i sense els complements que cobro ara.

«Això ho arreglaran, un dia o altre. Ens jubilarem amb tot el sou i als seixanta anys», repeteix sovint en García, de dibuix.

Per a ell potser hi seran a temps d'arreglar-ho, que tot just deu ratllar la quarantena, però per a mi...

Ja que la Maite s'ha canviat de lloc, tancaré els ulls a veure si em relaxo i em passa el neguit del retard de la sortida.. Sento olor de tabac. Hi ha algú que fuma! Ah no, això sí que no. A veure? No et fot, és el xofer! Li haig de dir alguna cosa. ¿O és que no ha vist els cartellets que ell mateix deu haver enganxat als vidres? Potser val més que dissimuli i ja li ho diré més endavant, no fos cas que es dediqués a fer-me la guitza...

Quant de temps feia que no viatjava? Deixa'm pensar, quatre anys, no, tres, que era el curs de la nena, la Montse, que feia el primer de BUP... Va ser interessant aquell congrés de didàctica de la física. Era quan es començava a parlar d'una futura reforma de plans d'estudi... Ben mirat, eren interessants aquells mètodes per a l'aprenentatge. Bé, vaja, són interessants per als professors més joves... A mi l'experiència ja m'ha ensenyat prou didàctica!

I les faig bé les classes. I els que volen aprenen

física, tot i que cada dia aquests nois i noies estudien menys... I per a mi, cada dia igual, les mateixes explicacions, els mateixos problemes, des dels vint-i-sis anys que vaig guanyar les oposicions...

Què passa? Què criden, aquelles noies? Volen fer una parada... Per què?... ¿Que la Gemma té la regla i no va prou preparada?

—Per l'amor de Déu, senyoreta Hernández, ¿vol tenir una mica de cura amb el seu llenguatge? ¿Què diu, senyor Amorós? Vostè, Núñez, que està més a prop d'ell, digui'm què crida que no l'entenc.

—Diu que té una pixera com d'aquí a la Jonquera!

*

*   *

És maco en Marcel. Hi ha qui afirma que té cara de pageset, amb els seus ulls blaus i les galtes sempre una mica vermelles. A la classe és dels que tenim disset anys i la Mercè d'història diu que els profes noten molt la diferència entre nosaltres i els que ja han fet els divuit.

«És com si la majoria d'edat us marqués, gairebé a tots per a bé. Però a alguns els divuit *abriles* que diuen els castellans els fan néixer flors al cervell i algun ocellet que hi fa el niu...»

La Mercè és simpàtica i mai no s'immuta per res. Llàstima que hagi pujat a l'altre autocar, potser vindrà al nostre després, tant de bo... Quan li vam demanar per canviar la prova de la segona avaluació i endarrerir-la una setmana —i és que de veritat que no podíem respirar aquells dies de tants exàmens—, es va asseure, ella que sempre s'està dreta i es passeja pels passadissos entre les taules, i va dir:

—Voleu endarrerir la prova? Molt bé, si és voluntat de la majoria... Negociem-ho, que tot és negociable i tot té un preu, tal com sap molt bé la burgesia catalana... Entrarà també el comerç dels catalans amb Amèrica al segle XVIII...

I ens va clavar el rotllo sobre aquells primers burgesos... Perquè, de persianera, sí que n'és. I quan en Minguell per Nadal li va fer aquella dècima que començava... A veure si me'n recordo...

—Ei, Olga, tia, de què rius?... Nois, l'Olga s'ha explicat un acudit a ella mateixa!

—No siguis imbècil, Marcel. Recordava aquella dècima que per Nadal va fer en Minguell.

—Hosti! I tant, tu, la podríem traduir a l'italià i recitar-la-hi... Minguell, ¿recordes aquella dècima que vas fer a la Mercè?

—No cridis que el Corb ho sentirà i s'emprenyarà...

—Ja n'hi farem una altra...

—No tindràs pebrots...

—I tu què saps, noia?

És simpàtic en Marcel amb mi. ¿Com diu que ho hem de fer la Mònica, ella que presumeix de noia gran i amb experiència? Hem de provocar-los, sense que se n'adonin... Diu que els nois de disset i de divuit anys són uns babaus. Ara que, ben mirat, el xicot que estava amb ella mentre esperàvem l'autocar bé que se'n deuria adonar, que el provocava... Vaja, em sembla...

—Mira, mira en López...

—Ja pots dir el Corb, ja, Olga, que no et sent... Què mira? Òndia! Busca si algú fuma!

—Quina planxa, tio, és el xofer el que fuma!... Ara li dirà alguna cosa...

—Una *birra* que no gosa, fet?

—Fet.

He perdut la juguesca. Pagaré una cervesa a en Marcel, això farà que ens relacionem més. En López no s'ha atrevit a esbroncar el conductor. Si fos un de nosaltres qui fumés, els crits s'haurien sentit des de l'institut, i mira que som lluny, ja... I tant, fa una estona que es veia el Montseny i era ben bonic amb aquesta llum de la tarda... Estic contenta. El viatge trencarà la rutina de cada dia... Ens el mereixem, però. Estem acabant el BUP; com diu en Valls de mates ja gairebé el tenim a l'esquena. I és bonic fer el viatge tots els que ens hem arrossegat tres anys per l'institut, perquè l'any que ve alguns no faran el COU.

Aquest curs em va força bé. Amb una mica de sort aprovaré la física i la filo i tot. Per això, els pares no van arrufar gens el nas quan els vaig dir que el viatge costava vint-i-dues mil pessetes... I la idea d'en Jové ha estat molt bona, això de fer una bossa de viatge amb les peles que hem guanyat amb els sorteigs i les festes... Així han pogut venir la Martínez i en Casals. La Mercè, que ha estat l'ànima de tot, em va dir que ells no ho sospiten, que la meitat del seu viatge ha sortit del fons comú.

Qui és que crida tant? És la Núria. Què? Que la Gemma té la regla i que ho tacarà tot... Òndia! Ja s'ho podia pensar i posar-se un Tàmpax abans de sortir de casa. Quina vergonya! Jo no hauria pas gosat dir-ho, i menys que ho pregonessin amb aquests crits...

*

*   *

Sí. Semblen força pacífics aquests alumnes. De moment no es canvien gaire de seient, és clar que tot just portem un parell d'hores i ens queda tota la nit de viatge.

Què mira aquell professor amb tan mala cara? Deu ser perquè he encès un cigarret. Només faltaria que jo no pogués fumar... Si he enganxat els rètols ha estat per ordre del *jefe* i em sembla que ho ordena la Generalitat. És que amb això del tabac sembla que s'hagin tornat histèrics, *joer*!

L'home continua mirant. *Me juego un... a que* s'aixeca i em ve a dir alguna cosa. Que ho provi, que li fotré un tall que quedarà servit... No, ara torna a seure. I quina pinta que té amb aquests quatre pèls que se li alcen amb el vent i aquest nassot de lloro. Paraula que sembla un *pajarraco de mal agüero.*

La que no veig pel retrovisor interior és aquella altra profe que sembla una criatura... Ha... s'ha canviat, no devia poder aguantar l'ocellot.

Què diu aquella? *Coño!* Ara pararé a l'estació de servei de l'Empordà, no fos cas que em taqués la tapisseria. Però que no veuen la tele aquestes noies?

3

S'ha de reconèixer que és una bona idea això d'aturar-nos per estirar les cames i menjar alguna cosa. Per mi rai, que podria fer tota la nit d'una tirada... Si és que l'autocar tingués lavabo, perquè fa un temps que noto que haig d'orinar amb certa freqüència... A veure si serà un començament d'afecció prostàtica... Espero que no...

—Què hi ha, Mercè? ¿Que com ens ha anat aquest inici de viatge? Bé... Els nois han posat aquestes músiques que els agraden tant i que totes sonen igual... No, dona, Mercè, ja ho sabia que no durien cap concert de Vivaldi, però almenys de tant en tant podrien posar una cançó dels Beatles o de la Joan Baez. ¿Passat de moda, jo? Aquests són uns clàssics i els clàssics no passen mai...

Tinc gana. Deu ser aquest airet que ens ve del Pirineu.

—Suposo que menjarem alguna cosa, oi? Aquí deuen preparar uns plats combinats ràpids... ¿Què dius, Valls, que no hi ha temps? ¿Que hem de complir l'horari i la tirada que ens queda fins a Verona és molt llarga? Mira, saps què et dic? Que haguessin complert els conductors amb l'hora de sortida i tot això que ja tindríem guanyat...

Jo, amb les dietes que ens ha donat el director penso alimentar-me bé. Només faltaria que perdés un parell de quilets! És clar que les nostres dietes les han pagades els pares dels alumnes i obligació que en tenen, carat! Si els companys volen menjar seguint la tònica dels àpats que facin els nois, ja s'ho faran. Jo vull menjar bé i fora orgues... A més, alguns alumnes menjaran senzill per tenir més diners per gastar en bestieses... Si la conec jo, aquesta genteta!

—No ho sabia pas, que s'havien de dur uns entrepans per sopar avui i esmorzar demà al matí... Ho deia el paper, ho deia el paper! Altra feina he tingut que llegir-me el full de les instruccions... Per cert que la informació històrica i artística que els has preparat l'he trobada molt breu... ¿Que si és llarga no la llegeixen? No ho saps si la llegiran o no. D'acord que encara no han fet història de l'art, que la faran els del COU de lletres el curs vinent... Sí, dona, és important un primer contacte amb el Renaixement i aprendre a viatjar en grup... Però, però...

Haig d'admetre que aquest entrepà de pernil m'ha vingut la mar de bé. Una mica sec el pernil, de tota manera.

A la Mercè li cau la bava en veure aquell grup que juga amb els gatets. I són ben petits, deuen tenir un mes; fan gràcia, però els animalets han d'estar al camp... Encara recordo quan la Montse va complir cinc anys i li van regalar aquell gatet de raça persa, em sembla que era. Jo no el volia de cap de les maneres i la dona vinga a insistir: «que és una joguina, que a la nena li agrada molt». I ens el vam quedar... Deu anys va trigar a estirar la pota i em va fer malbé la catifa del menjador. El record de casa del pare...

Pobre pare, dependent d'una ferreteria i tota la vida estalviant per donar-me una carrera. I ara, té, si em veiés acompanyant aquestes criatures de viatge! Tants projectes com havia fet sobre la meva carrera... Catedràtic d'institut i ja vaig tocar sostre que diuen ara, i amb aquest sou!... Molta reforma de l'ensenyament, molta reforma, que comencin pagant amb dignitat i després en parlarem.

En fi! Mira com són aquestes noies que ja s'han posat a parlar amb un cambrer del bar... ¿Com en diuen, ara? Ah, sí, han lligat, i el tema sembla que són els gatets... Déu vulgui que aquesta quitxalla a Itàlia es comporti bé i no faci bestieses. Quan penso en la responsabilitat que tenim, em neguitejo... La que tinc jo, malgrat no ser el cap de l'expedició, perquè jo sabré estar en tot i tinc més autoritat que la Mercè, que els concedeix tot el que volen.

Pujaré a l'autocar i escriuré unes notes per al diari.

«Com més contemplo el paisatge de Catalunya, més m'emociono.» Jo diria que queda una mica antiquat això. Els companys del claustre se'n riurien... A veure: «El Montseny, la muntanya feréstega, a l'abast de l'home, sempre m'impressiona quan la vorejo, autopista enllà, camí de França»...

I els xofers, què? Mira-te'ls tots tres, ben entaulats davant d'un bon sopar. I jo que he passat amb un miserable entrepà...

*

*   *

—Me'n dónes una mossegada, Olga?

—És clar, però no et passis...

—Ei, tia, que jo t'estimo molt. ¿Me'n dones a mi també?

En Marcel i en Marc han estat discrets amb la queixalada i la barruda ha estat la Mònica. És una fotesa, ja ho sé, que no em ve d'un tros d'entrepà, i en porto tres més a la bossa. Però és el fet... I prou que li ha engegat en Xavier.

—Que no portes peles? ¿Que ha escanyat la bossa el teu papi? Això ho diu sempre el meu avi de Reus quan no vol afluixar l'ala.

—Calla, desgraciat! El papà m'ha donat lires i la mamà pessetes. Però les guardo perquè a Florència em compraré una jaqueta de pell.

—O sigui que sempre menjaràs de gorra. Hosti, tu, quin negoci!

—Bla... Bla... Bla... Estúpid!

L'Ester ha estat la primera que ha descobert els gatets al costat de la porta de la cuina del restaurant. Es veu que fa pocs dies que ja no mamen i el negre és preciós, i com es refregava el llom amb les meves cames. Gairebé no se'l sentia miolar. En Sergio, el molt bèstia, els posava el peu sota la panxa i d'un gest ràpid els feia fer una cabriola.

—No us espanteu, bledes, que els gats tenen set vides.

El que ens ha deixat de pedra ha estat el cambrer.

—Vaig conservar dos cadells a la gata perquè li buidesssin la llet. Ara ja els faré desaparèixer...

I el cambrer explicava tan tranquil que els posaria dintre d'un sac i els ofegaria al safareig. Serà criminal, l'home. Si ja anéssim de tornada cap a Barcelona me n'enduria un a casa... És clar, que el pare fóra capaç de fúmer-lo daltabaix del celobert.

—Jo me'ls emporto...

Ben seriosa que ho ha dit l'Ester... Ha buidat la roba de la seva bossa i l'ha repartit entre tres de nosaltres.

—No tens pas un tros d'Spóntex o alguna cosa semblant per fer-los com un jaç...

El cambrer obria uns ulls com unes taronges.

—Però... Però... No comenceu ara el viatge?

De retalls de roba, n'hi ha donat un munt i l'Ester, tan decidida, va i compra a la botiga un paquet de bolquers.

—Ara els posarà Dodotis... Quin instint maternal que té la nena!

—Ets una mica curt, Marc. ¿Amb què vols que absorbeixi el pixum? Amb el mocador? Si de cas, amb el teu...

El cambrer li ha regalat un parell d'ampolles de llet. Li ha dit que aguantarien molt bé una setmana amb aquesta alimentació de llet. Per mi que l'home s'ha quedat ben descansat per no haver-los de matar.

Pujo al cotxe que prendré unes notes per al diari.

«Els gatets.» No, primer l'entrepà. Això no ho hauria de posar... «En Marcel està la mar de simpàtic amb mi, a veure si dura tot el viatge perquè m'agradaria coneixe'l millor.»

—Què escrius? Deixa'm guipar el diari i li diré a la Mercè que et posi un excel·lent.

—Vinga, treu el nas d'aquí i deixa'm tranquil·la... No siguis pesat, Marcel...

A veure què deuen ser els dos gatets. Un és mascle... I l'altre també. Quina cosa més petita que tenen. I el ximple d'en Marc que va i diu:

—Hosti! Si no els hi creix, ho passaran ben malament, pobres bitxos!

La Maite s'ha adonat de les maniobres de l'Ester, obrint i tancant la bossa. Ha fet una cara en veure els gatets! S'ha posat la mà a la boca i ha mirat en direcció al Corb que, vinga a escriure, no s'ha adonat de res... A veure si la Maite també li té una mica de por. Quan s'ha assegut, s'ha fet un fart de riure amb les mans tapant-se la cara i de tant en tant es girava i, en veure'ns, encara semblava que s'ho passés més bé...

*

*   *

—No, Jenaro, no cal que vinguis al meu cotxe. Encara no estic cansat, *coño*... Que descansi ara en Julio i que vingui a la parada que farem a França.

—És que l'Antonio és el rei de la carretera.

—Mira, menys conya... ¿Què tal és el vostre personal?

—Vénen dos profes que es veu que saben tractar els nois, a una li diuen Mercè i a l'altre...

—... Valls, em sembla.

—Al meu cotxe ve una professora, guapíssima, vaja, mona, amb un tipet *como pa' mojar pan*... I un paio que sembla un ocellot... Mireu, mireu, és aquell que ara ens ha calat... Segur que deu estar emprenyat perquè estem sopant. Doncs que es tranquil·litzi...

Jodida que és la nostra feina i a més que no poguéssim sopar de gust...

He pujat l'últim al cotxe, i què? ¿O és que no el porto jo?... Vinga. Som-hi, en marxa...

¿Quines maniobres fan per allà al darrere aquell grupet? Bé, ja hi va la profe, Maite, em sembla que li diuen; i, per les cares, sembla que es diverteixen molt. Suposo que no passarà com la vegada que duia una excursió d'avis i un *pájaro* i una *pájara* de la tercera edat s'ho passaven la mar de bé a l'última fila amb les maniobres corporals que es duien entre mans... *Joer!*

—Ei, tu, morenassa, com et dius? Mònica... Busca un vídeo en aquell maletí i dóna-me'l, que amb una pel·lícula us vindrà abans la son... T'agraden de sang i fetge les pel·lícules, pel que es veu. Espero que el profe no s'emprenyi perquè hi hagi molta sang...

4

El conductor, l'Antonio, no em cau gens bé. Un cop tots instal·lats a l'autocar, l'hem hagut d'esperar deu minuts perquè el senyor es mengés les postres amb tota la calma del món i, per acabar-ho d'adobar, la Gemma ha hagut de buscar la seva maleta al portaequipatge per poder-se canviar i les han hagut de treure totes.

Ara engeguen el vídeo... Vaja, és una pel·lícula de trets i de molts assassinats... ¿Com és que als conductors d'aquests autocars que solen dur canalla els permeten projectar aquests films tan poc educatius?... I amb aquest soroll no puc concentrar-me per escriure el diari.

Molt bé, escriuré una carta al director general de Transports perquè vigilin en aquest aspecte les pel·lícules als autocars... I tant que sí!

«Excel·lentíssim senyor director general.» No, no crec que tingui aquest tractament... «Molt il·lustre senyor.» Ara, així: «Crec que per la seva responsabilitat en la bona marxa del país hauria de posar remei a un tema que afecta la ment en formació dels alumnes de les escoles que utilitzen l'autocar com a transport»...

Bé, m'ha quedat prou bé. L'ensenyaré a la Maite a veure què n'opina.

—Què et sembla, Maite? ¿Oi que és un punt que s'hauria de remeiar?

—Què vol que li digui, López. D'aquest tipus de pel·lícules, estan farts de veure'n per televisió... Potser és més preocupant el fet que l'Antonio, ara mateix, porta cinc hores conduint i cap company no el relleva...

També té raó aquesta noia. El que diu ella toca un aspecte físic —ai, sant Antoni ens guardi d'un accident— i el que he escrit jo, un aspecte moral de la salut dels nois. Bé, no tinc pas ganes de discutir, procuraré dormir una mica...

És veritat, però, que el xofer porta moltes hores al volant... Confio que sàpiga el què es fa i no sigui un inconscient. Em prendré una pastilleta per dormir...

*

* *

Ja som a la frontera. La Maite ha dit a l'Ester que si troben els gatets no els deixaran passar. Es veu que això d'entrar animals a un país estranger està molt vigilat... És ben jove aquest guàrdia civil que ha pujat a l'autocar... Ara, ara s'acosta a l'Ester. Si tots ens girem notarà que passa alguna cosa, que en deuen saber molt aquests guàrdies de trobar infractors... Ai, que s'atura i es mira la bossa, la deu trobar més gran que les bosses de mà que hi ha a la xarxa portapaquets... Què li demana a en Miquel? El permís patern; és clar, com que té aquesta cara de nen!... Ja està, ja baixa, mira com riu l'Ester, estic segura que ha passat una mica de cucs, però.

No està malament la pel·lícula. Ara que, de salsa de tomàquet, tal com diu el pare, Déu n'hi do. Quin silenci! Vaja, silenci nostre, perquè quan comencen els trets... El protagonista llança una bomba de mà i tot!

—Quina passada!

—T'agrada, Marcel?

—Què vols que et digui... Avorrida no ho és pas... Hosti, tu! Ara els fumerà la bomba pel cap!

En López s'ha ben adormit i té els fulls que escriu a la falda. Què deu escriure? Segur que fa un diari... Seria de nassos poder-lo llegir...

A veure què fa la gent? Òndia, la Mònica! S'ha apoderat d'en Xavier... Ja li havia dit jo a l'Anna que aquests dos lligarien durant el viatge. S'ha ben recolzat en el pit d'ell i fa veure que dorm. Estic segura que ho fa veure perquè amb aquest soroll de la tele!... Tothom els mira, com qui no vol la cosa, i en Xavier tranqui... I en Marcel?... A veure si quan acaba la pel·lícula fa algun moviment... O l'haig de fer jo?

La pel·li ha acabat amb l'explosió final de la bomba sobre el clan que traficava amb droga. Ja es veia venir... Parlant de porrets, ¿i en Roger que ha anat fent córrer que porta unes quantes piules? Per mi que tot és de boca. Ara, que jo no sóc del grup que surt amb ell els dissabtes i els diumenges...

Sort que ja parem. Gairebé no em podia aguantar i això que més quieta no puc estar. Deu ser el mateix que en un examen, quan saps que no pots anar al wàter és quan te'n vénen més ganes. I en López continua dormint com un angelet. Com un angelet?...

*

* *

¿Què li deu passar al *panoli ese* de guàrdia civil que vol pujar a l'autocar?

—*¿Que falta algo en los papeles de estos chicos?*

—*No, nada, una inspección de rutina... ¿Me abre, por favor?*

És jovenet aquest paio, per mi que deu voler fer mèrits. Potser hi ha el sergent a la cabina... ¿Què mira?... Aquella bossa més grossa. No me n'havia adonat que l'havien colat a dins del cotxe. Bé, si només n'hi ha una, tampoc no molesta... I a aquell nen, ¿què me li demana? Realment sembla que faci l'EGB amb aquesta cara de nen petit. Em recorda el meu Fede, que deu fer... Realment és ben puta la nostra feina... Ahir arribava amb un grup de vells de la Costa del Sol, cinc horetes de dormir i, en ruta... Ha... Ha... *es verdad que ruta rima con puta...*

Què falta? Cinc quilòmetres i paro... Aquella estació està oberta tota la nit...

Diez minutos y nos vamos... El profe continua clapant, *joer con el pajarraco*... Quan dorm no fa pas tanta por...

Qui ha de dormir sóc jo... ¿Ja m'he fumat un paquet de cigarrets?...

*

* *

Ai, ai! Quines ganes d'orinar que tinc, si és que m'han despertat les punxades, tan bé com dormia.

—Núñez, sap si falta molt per fer una parada?

—L'hem feta fa una hora i mitja, més o menys. El xofer ha dit que ara no pararem fins ben entrat a Itàlia.

Hauré de parlar amb el conductor... Ai... ai... Dallonses amb l'home! Que no pot ser, que ara la carretera és estreta, que ve un tram en què un túnel enganxa amb l'altre...

—¿Què dius Maite, que em fixi que ara es veu Mònaco? Sí, sí, és molt bonic des d'aquí dalt...

Per vistes estic jo, ara... Ai... ai... Ho hauria d'escriure al diari, això de Mònaco, l'altra cosa, no... Per diaris estic!... Conductor, home, tingui pietat...

Ara, s'ha aturat... Em crida... ¿Que vagi amb compte que al costat de la carretera hi ha un espadat? Sí, sí, d'acord...

Ufff! Quin descans tornar a seure. Els alumnes s'han rigut de mi. Els he vist, la canalla d'avui no perdona res... ¿Que no s'han d'aturar quan van amb la família i el seu pare ha de fer un riu? Potser més que el pare, hauria de dir l'avi... Mare de Déu! Vuit anys i jubilat... I què faré jo aleshores?

—Com dius, Maite?... Sí, és clar, tens raó. Un viatge d'aquest tipus fomenta el coneixement dels alumnes i és molt bo per a la convivència... És clar, és clar... Aquesta noieta, encara creu aquestes coses. Molt bé, filla, molt bé, ja veurem què penses quan et vegis la jubilació al damunt... ¿I a quina edat es deuen jubilar els d'educació física? Perquè jo, sense moure'm de la butaca, dalt de la tarima, ho tinc resolt, però ells han de fer força exercicis...

Ho deixo córrer. No vull encaparrar-m'hi... Ara sí que estic en condicions d'escriure el diari...

«La badia de Mònaco, vista des les altures ja insinua tota la bellesa del principat»... I què, que no hi hagi estat mai, queda bé...

5

Itàlia! Verona! Quina felicitat!... Val la pena aguantar el curs per venir, pel cap baix, cada dos anys a Itàlia... Aquest airet del Vèneto em retorna i em rejoveneix. Jo, Mercè Busquets, hauria de viure a Itàlia i no passaria mai dels quaranta... Ancorada en la meva edat i en el Renaixement, immersa en l'art, en els testimonis que el temps ha depurat de passions, d'intrigues i d'assassinats... Si el sou ho permetés, rai...

Però què penso?... Pensaments i imatges de conca. De conca no, de dona sola, divorciada des de fa dos anys d'un home de negocis mai no reeixit, egoista, guapo i somiatruites... I és que en Josep semblava un italià, d'aspecte físic i de manera de ser: alt, ulls negres —quins ulls, Senyor, quins ulls!—, xerraire, gesticulador... Tan atractiu, tan dominador i tan dolç quan volia, però...

D'ell, i del calvari que em va fer passar, em queda la Laura. A veure si aquest curs també treu excel·lent del vuitè de bàsica... La duré al meu institut? No sé si és convenient que senti parlar als companys de la seva mare, malgrat que estic convençuda que em porto bé amb ells i ells amb mi...

Verona, una de les ciutats més boniques d'Itàlia... És cert això? Totes ho són tant! Verona, Siena... Petites i recollides, on els cotxes i els camions no han acabat de trencar l'atmosfera del Reinaxement... ¿La trencaran els autocars dels turistes? Ha... D'aquells turistes que no saben seure en un cafè i prendre, a poc a poc, un *capuccino* mentre els propis records juguen amb les pedres dels palaus i la nata es desfà al cafè...

—A veure nois, malgrat que som molts, anirem plegats... Molts de vosaltres porteu una guia. Per si algú es despistés, a les cinc als autocars. Recordeu que són aparcats a la muralla... Sí, Marcel, no pateixis, naturalment que a Venècia i a Florència podreu anar pel vostre compte. Sou gent de tercer de BUP, oi?, i no de tercer d'EGB... No cal que riguis, Ester, gràcies, de tota manera. Escolta, Ester, ¿on vas amb aquesta bossa tan enorme?... Que ja m'ho explicaràs? Bé, tu mateixa...

—Som-hi?... Primer, veurem l'Arena, l'amfiteatre romà, el Castelvecchio i el pont Scaligero... Home, Sergi, això vol dir el Castell Vell i el pont que va construir la família que dominava la ciutat... A veure, atenció, escolteu, si us plau! Acabarem a les dues places, la Piazza delle Erbe i la Piazza dei Signori que, per a mi, són les joies de Verona.

—De què rieu? Us sembla ridi el que he dit? Espereu a veure les places i en parlarem... I que els esperits dels Capuletos i dels Montescos us acompanyin, ¿perquè ja sabeu que, segons Shakespeare, Romeo i Julieta eren d'aquí, oi?...

—Vostè, senyor López, a on vol anar?... ¿Al final del grup? D'acord. Aleshores, si us sembla, en Valls i jo anirem al davant i la Maite pot anar al centre de la colla.

*

*   *

Per fi trepitjo Itàlia! Quina il·lusió que em fa! Perquè no se'n pot dir trepitjar el país de la parada que hem fet, passat Gènova, per mor de les necessitats fisiològiques, com diu en López... Ell sí que ha fet el ridi quan l'autocar s'ha hagut de parar per ell sol. Pobre home, m'ha fet com pena i tot...

I la Mònica, que va pel món amb aires de menjar-se'l i que s'ha insolentat amb la dona del lavabo que cobrava deu lires pel servei.

—Ah, *molto bene, cara signora*, jo no pago per això que és un dels drets de l'home... *Ciao!*

I ha anat al darrere d'uns arbres amb l'Anna i la

Maria mentre en Roger repetia amb grans crits: «L'avantatge de l'ocellet, l'avantatge de l'ocellet»...

L'entrada a Verona és ben lletja. Es veu que és una ciutat industrial amb força fàbriques. Ens ho ha explicat la Maite que a ella li ho ha dit en Piero.

—I qui és en Piero, Maite?

—És possible que a Florència el conegueu...

—Però qui és?

—Ah, noies, *top secret*...

Verona m'ha agradat molt, sobretot el castell i aquell pont fortificat de nom tan difícil.

—Scaligero, Olga, no costa pas tant...

—No em queda, noi.

—Tu recorda que el *signore* quan defensava el castell i el pont cridava als seus soldats *prende l'scala e anda ligero*...

La Maite, que ho ha sentit, es partia de riure i repetia: «Per imaginació la teva, Marcel!»

Hem tornat pel Ponte della Vittoria cap al centre. En Valls, sense aixecar la veu, tal com parla sempre ell, ens ha fet notar que el riu Adigio separa la ciutat nova de la vella i que les ciutats amb un riu guanyen molt.

—I com ho saps tu, que hi havies estat aquí?

—No, mai, però és qüestió de saber llegir el plànol. Com totes les coses es tracta d'interpretar bé la informació...

L'aigua del riu es veia netíssima i havent creuat el pont hem passat la Porta Borsaria, un monument romà, que no m'ha agradat gaire. Trobo que els antics romans eren una mica fanfes, sempre volien impressionar.

On són la Mònica i en Xavier? Aquests s'han escaquejat només baixar de l'autocar. I és que ella és, vaja... Amb aquell acomiadament que tots vam veure al pati de l'institut!

I en Marcel? Ja el veig, amb en Sergi i en Nicolás, allà davant. Haig d'avançar, a poc a poc, que no es noti, fins a col·locar-me al seu costat.

Hem dinat junts. Bé, hem menjat de costat, perquè junts hem dinat mig autocar, en una pizzeria del barri antic de Verona. Els quatre profes seien en una taula veïna i també han demanat pizza. No m'ha agradat gaire, són més bones les que mengem a casa el diumenge a la nit i que ens pugen del bar del costat. Suposo que aquí no s'hi deuen mirar gaire i, també, és que el local estava molt ple. Hi havia un grup de tercer de l'institut de Roses i algunes ja han intentat lligar... Es veu que ens els tornarem a trobar.

—Què dius? Ah, que els ha organitzat el viatge la mateixa agència... És clar que ens els trobarem. Si ja ens ho deia la Mercè que quan vulguis trobar algú que fa temps que no veus has d'anar a Itàlia la setmana abans de les vacances de Pasqua...

En acabat de dinar, quan els professors anaven a pagar, el cambrer els ha dit que estaven invitats per la casa. Òndia! Ara, que ben mirat, ells ja hi han guanyat prou. I en López que va i diu en veu tan alta que nosaltres l'hem sentit: «Si ho arribo a saber demano la pizza més cara»... Per mi que el cambrer l'ha entès perquè li ha fumut una mala mirada!

*

* *

I la meva Laura, què deu fer? Espero que no faci emprenyar l'àvia, que quan vol, també en sap, de fer la punyeta. Si puc estalviar alguna cosa, pel setembre, aquella quinzena, acabats els exàmens, quan encara no comencen les classes, vindré a Itàlia amb la Laura... Sí, em veig amb cor de conduir tot el viatge...

Mai no em cansaré de passejar per la Piazza dei Signori, tan teatral, tan sòbria i amb aquell punt de presumpció. Fins i tot l'afegit de l'escultura del Dante hi queda bé. És curiós com el Dante, amb la cara de pocs amics i el gest contingut encaixa en qualsevulla plaça d'Itàlia.

Alguns nois han seguit les meves explicacions i en López perseguia els que s'escapolien per aplegar-los... Si és pitjor. Quants segueixen la classe a l'institut? ¿La meitat? Ja em donaria per satisfeta... Jo crec que si la reforma, la de l'ensenyament, és clar, malgrat que aquí, a Itàlia, encaixa millor pensar en la contrarreforma, sobretot asseguts de cara al Palazzo Mattei de la Piazza delle Erbe amb el seu barroc digne i genys caricaturesc... Si la reforma no racionalitza els programes, no haurem guanyat res. Esperem-ho, que doctors té l'Església, millor dit, la Generalitat... Caram com m'influeix l'ambient italià, fins i tot en les expressions...

En aquest mateix cafè vam seure fa quinze anys en Josep i jo de viatge de noces. Quin riure quan estrafeia la veu i les meves explicacions! ¿Per què m'agrada tant Itàlia? ¿Per un romanticisme malaltís de voler remenar en les cendres d'allò que es va anar cremant a poc a poc?... Aquestes paradetes on pots regatejar en mal italià i sota el somriure comprensiu de la venedora amb uns pits miquelangelescos... Ja ha sortit Michelangelo i som a força quilòmetres de Florència...

I amb els nois i noies de classe? ¿No sóc massa tova i dèbil?... La veritat és que no ho sé pas. Ells són part de la meva vida i necessito el seu afecte, tot i que sé que és ben efímer... D'un curs i encara... I l'afecte d'en Josep, ara en la distància del temps, on és? ¿No era tan interessat com el d'aquests nois i aquestes noies?... Tinc la Laura... I quan em deixi? M'aniré marcint enmig dels meus llibres i dels meus discos... Prou! Som a Itàlia i vull respirar a fons... Porti'm un altre cafè, *prego*!

Ha... Ha... Ha... Ai, senyor que no puc parar de riure! Que estic plorant de tant de riure! ¿On tinc el mocador?... Pobre López, quina patinada... Sort que no hi ha cap alumne a prop, tan mirat com és en quedar bé davant d'ells... Ha... Ha... I quina cara que ha fumut el cambrer quan li ha demanat amb tota claredat:

—Porti'm un *capuleto* amb força nata...

—Un *capuccino, signore*?

Em sap greu d'haver rigut tant i, a sobre, quan per dissimular, ha fet el comentari sobre un dels alumnes que seia a la font amb els auriculars del *walkman* a les orelles, va i diu:

—És com una heretgia que els nois escoltin la seva horrible música en aquesta plaça tan bonica.

I en Valls que li contesta:

—Cadascú té la seva pròpia música, la que el fa vibrar i la que l'ajuda a conservar el record dels llocs bonics on ha estat...

¿Quina era la música d'en Josep i meva quan sèiem a la Piazza delle Erbe?... Per sort, no me'n recordo, no vull recordar-me'n...

*

*   *

Joer! Cada dia és més complicat circular en aquest país. Vaig al costat d'en Julio, que em sembla que no ha estat mai a Verona... I amb el geni que té que no s'esbronqués amb algun conductor, que aquí la policia de seguida hi fica el nas i tenen males puces... El que li va passar al totxo de l'Ambrosio, ja és massa. Per *gili*, s'ho va ben guanyar! Ell sempre diu que el conductor italià es va posar amb la seva mare... Que s'hi posés! I què? *Coño*, els insults d'un italià me'ls passo pel *forro*. I és que treure la navalla que tots duem per si de cas, ja va ser massa...

Segons diuen, l'esglai de la canalla que duia va ser enorme quan els *carabinieri* van aturar l'autocar i es van endur l'Ambrosio a comissaria...

Vaig al davant, sort que he pogut dormit una bona estona... M'agradaria passejar per Verona amb la profe rosseta; però Déu me'n guard, de ficar-me en embolics... És bonic Verona... Aquí és on visqueren aquelles famílies famoses, els Montesco... I... ¿Com es deien els altres? Ah, sí... Ara me'n recordo, els Montesco i els *capuccino*...

6

La Mercè ens diu si volem visitar, tot anant cap a l'autocar, la casa de Julieta. Alguns hi anem, per aquest carrer avall... Deu ser allà que es veuen força turistes...

—Ester, no entres? Em sembla que no fan pagar res.

—No, vaig a un bar a donar una mica de llet als gatets. Hi desfaré un brioix, a veure si ja mengen alguna cosa sòlida.

En Marcel ha entrat amb mi.

—Mira el balcó on es va enfilar Romeo.

—Hosti! És molt baix... Jo també em veuria amb cor d'enfilar-m'hi.

—Fixa't, la Mònica i en Xavier estan asseguts al peu de l'estàtua de la Julieta...

No s'han adonat de nosaltres fins que en Marc els ha fet un xiulet, i tothom s'ha girat.

—Ei, família! ¿Asseguts a veure si us contagieu amb el virus de l'amor?

—Molt graciós! Quina mosca t'ha picat? ¿O és que em tens enveja perquè he anat amb la Mònica? Has de saber que hem visitat la ciutat, segurament, millor que vosaltres...

La Mercè ha pujat al nostre autocar i en López ha anat amb en Valls, que ha dit:

—Encantat de gaudir de la seva companyia, senyor López.

—El mateix dic, Valls... Espero que en aquest autocar la música serà més selecta o almenys no tan forta.

—No gosaria pas assegurar-ho... En honor meu, però, han posat una cinta de Moustaki.

L'Antonio ha posat un vídeo d'espies que molt poca gent mirava. Tothom tenia son perquè havia dormit poc la nit passada i, a més, la pel·lícula era difícil de seguir. L'Ester ha cridat la Mercè i li ha ensenyat el gatets. Ella no se'n sabia avenir.

—¿Des de la parada de l'Empordà que els duus a la bossa? I com ens ho farem a l'hotel? Suposo que deu estat prohibit entrar-hi animals... Mare de Déu, i l'alberg de Florència que són tan estrictes amb el compliment de les normes...

—Els gatets i jo confiem en tu, que ets la cap de

l'expedició... —li ha engegat l'Ester amb tota la cara.

Certament són preciosos. Un és ben negre i l'altre és rossenc i blanc. Quan l'Ester se'ls posa a la falda miolen i gairebé no se'ls sent. Semblen la mar de feliços i els bolquers de la bossa xuclen bé els pipins i quasi no se sent pudor.

El xofer no ha parat de mirar cap endarrere, però no ha dit res. Els deu haver descobert?

En Lluís ha proposat que els hauríem de batejar i la Mercè ha estat d'acord de fer-ho aquesta nit a Venècia.

—La qüestió es trobar un nom escaient —ha dit la Maite, que s'ha enamorat del negre i el vol tenir tota l'estona.

—Jo els diria Simon i Simon, com aquells tios de la tele... Així de grans seran uns aventurers...

—No, millor, dir-los el Corb i el Picasso...

En Picasso és el professor de dibuix. La Mercè s'hi ha oposat enèrgicament:

—Em sembla de mal gust i pot portar complicacions.

Això és que deu saber a qui corresponen el dos malnoms. Hi ha profes que no en tenen. La Mercè és la Mercè i prou, així com en Valls és en Valls i la Maite és la Maite i prou.

—Ja ho tinc! —i en Marc s'ha picat amb la mà el front—. Podrien dir-se Romeo i Julieta!

—Home, si son dos mascles!

—Ara... ¿i si més endavant un d'ells canvia de sexe?

—No siguis bèstia!

S'ha dicutit força i s'han dit una gran quantitat de bestieses. Per fi i per majoria, s'ha decidit que es dirien Romeo i Julieto. L'Ester com a propietària ha puntualitzat:

—Si quan el Julieto creixi se sent influït pel nom i noto que mariconeja em reservo el dret de canviar-li...

Vaig a escriure unes notes per al diari:

«Verona m'ha agradat moltíssim... Passejant per la ciutat vella sembla que tornis al segle XIII. No, que la majoria d'edificis són del Renaixement, quina planxa «...que tornis al segles XV i XVI... Els gatets són una monada»... Ai, ara no sé si això de «monada» es pot dir en català, a més queda ben cursi. Ja ho corregiré, si de cas...

*

* *

—Mercè, la Gemma no es troba bé. Està molt marejada i té ganes de vomitar.

—Ahir ja va tenir problemes, segons m'han dit.

—Sí, és que quan li ve la regla s'ho passa molt malament...

A veure, ¿on he posat les bosses de plàstic que vaig comprar abans d'ahir a Barcelona? Quina mala sort, me les he deixades a l'altre autocar.

—Escolta, Marcel, dóna'm aquesta bossa, tu ja no la necessitaràs... Corre, corre.

—Espera, Mercè, que encara em queda una capsa de formatgets i després no hi haurà qui els salvi...

Pobra noia, s'ho deu passar ben malament... ¿Que t'has deixat les píndoles que prens? Dona! Ja fóra hora que sabessis cuidar-te... A Venècia mirarem de trobar unes sals o algun medicament que et calmi...

—T'has quedat descansada, oi? El que has tret ha estat el dinar. Escolta, quants gelats has pres?

—Tres... És que m'agraden molt.

—Dona! Tranquil·la, que demà estaràs com nova. Això ha estat un empatx... Qui té aigua?

A en Josep, ¿encara li deuen agradar tant els gelats italians? A Roma va fer el mateix espectacle enmig de la Piazza Colonna... Ha!... Ell, que era tan gallet! Prou d'en Josep!

El conductor s'equivoca. ¿Per què ha agafat aquest desviament? Deixa'm preguntar-li-ho... Ah, és que dormim al Lido de Jiesolo. No hi he estat mai... ¿Ve a ser com Castelldefels en relació a Barcelona, diu? És clar, ja fosqueja i és que fem una marrada de gairebé tres quarts d'hora... Tindrem lluna quasi plena, mira que bé...

*

* *

Aquesta professora sembla que es relaciona més bé amb els alumnes. Hi xerra més i, per la cara d'ells, es nota que s'hi troben millor...

Què deu passar per allà al darrere? *Joer*, a la bossa gran hi porten animals. Què són, ocells, un gosset? Ja ho descobriré. La qüestió és que no em taquin la tapisseria.

Hi ha una nena que es troba malament. ¿És la de la regla, oi? *Bueno*, ha vomitat amb molta netedat, amb elegància que deia aquell xofer que havia fet una classificació de les vomitades... Ha! Ha!

—Sí, senyora, el Lido és un poble d'estiueig. A l'estiu és un formiguer de turistes perquè té bones platges... En aquesta època no es veu ni *un arma* pels carrers... Mentida, lloguen els hotels oberts a grups d'estudiants. De Barcelona, n'hi van molts... Haurà de preguntar a l'hotel per agafar el *vaporetto* que els durà a Venècia... No, no és llarg el recorregut, una mitja horeta i, a més, els agradarà...

*

* *

Les habitacions són de tres persones. Jo dormiré amb l'Anna i amb l'Ester, i serà divertit estar amb els gatets. Ara que si no els canvia els Dodotis... A l'autocar ja es començava a sentir una certa flaire... Mitja hora per desfer les bosses i a sopar, d'acord... La Mònica dormirà amb la Mercè i la Maite. Jo diria que no és pas per casualitat.

I quin vestit que ha dut l'Anna per anar a les discos! Jo no me'l posaria ni que em donessin diners. ¿On va amb aquests tirantets i sense esquena? Ara que, de farbalans a la faldilla, sí que en té... Presumeix de divuit anys... La veritat és que jo, per anar a la discoteca, em posaré una brusa, la que em va regalar la mare pel meu sant i els pantalons nous; els texans, és clar que no, els de color beix amb pinces...

Diu l'Anna que m'emprovi aquesta brusa seva... Ja m'està bé, ja, però és massa extremada, se'm veuen els sostenidors... Amb aquests de l'Anna, no, que són més baixos... No sé si gosaré vestir-me així per anar a la disco...

El menjador és bonic. Ve a ser com els dels hotels de tres estrelles on anem amb els pares i l'àvia a la Vall d'Aran... On seu en Marcel? Ja el veig. A la seva taula tot són nois. Queda un lloc a la taula del costat, a veure si demà, que també dormirem aquí, tindré més sort a l'hora de sopar.

Espaguetis a la bolonyesa. Són prou bons... ¿Què diu en Marc?:

—Mengeu-los a poc a poc perquè en prendrem cada dia i, a un amic meu de l'escala, l'any passat en un viatge de final de BUP, li va agafar una estranya malaltia que li sortien espaguetis per les orelles... I per altres forats que no dic...

Sempre està de conya en Marc. Té un caràcter

semblant al d'en Marcel, però aquest és més seriós... Aquesta nit tothom està molt cansat. Ningú no parla de sortir. A més, els carrers d'aquest Lido, que m'he assabentat que vol dir platja, semblen els d'una ciutat abandonada després d'un desastre com el que descriu Pedrolo al *Mecanoscrit del segon origen*... I això de Mecano em recorda aquella cançó que canta la noia d'aquest grup, amb aquella veu d'innocent —de bleda, diu en Marc—, que parla de lesbianes i que han repetit tantes vegades a l'autocar que ja es passen.

A la porta de l'hotel han aparegut tres cotxes amb dos nois italians en cadascun.

—El primer contacte amb els *ligons* italians. Parleu-hi, si voleu, però no pugeu a cap cotxe, que no tingéssiu algun esglai —ha dit la Mercè.

Molts han anat a les habitacions a dormir. Per cert, que de l'habitació d'en Roger sortien riures apagats i una olor força estranya, que no era ben bé de tabac. I demà diran que es van quedar una estona jugant a cartes.

Alguns vam travessar el carrer i vam anar a passejar per la platja amb la Mercè, en Valls i la Maite. Era bonic perquè no hi havia absolutament ningú i la llum de la lluna deixava veure la muralla dels apartaments amb totes les finestres i els balcons tancats i barrats.

—Sembla un escenari d'una pel·lícula de Fellini —ha comentat la Maite.

—I la demostració de com es pot fer malbé el paisatge... La societat de consum no respecta res —l'ha tallat en Valls.

Els ximples d'en Lluís i d'en Marc s'han descalçat, s'han arremangat els pantalons i s'han ficat de peus a l'aigua. Feien veure que lluitaven i en Lluís ha caigut de cul al mar. Quin fart de riure! I l'animal va i es treu els pantalons, i ha arrencat a córrer cap a l'hotel. Deu haver-se quedat ben parada la recepcionista de nit. Sort que no hi era en López, que ha anat a dormir de seguida de tan cansat com estava, perquè li hauria fumut una bronca de les que marquen època...

*

* *

La Mònica, que dorm amb nosaltres, no és a l'habitació... Ara ens tocarà, a la Maite i a mi, trucar a totes les habitacions per veure quina altra mossa falta. I en Valls que ho faci a les dels nois... I després a esperar que tornin i que no els hagi passat res...

Sort que aquestes butaques del vestíbul són còmodes. La Maite i en Valls fan unes becaines que dóna gust. Jo no puc, m'ha agafat el neguit... Mira que els he dit que no pugessin a cap cotxe! L'Antonio s'ha quedat amb mi per si calia agafar l'autocar per fer una ronda. És un bon home, però encara m'ha posat més nerviosa amb les seves històries de casos en què s'ha trobat en d'altres viatges escolars...

Quina hora és? La una... Si a les tres no han vingut

les anirem a buscar. On? L'Antonio diu que anirem primer a la comissaria del poble... I demà lleva't a dos quarts de vuit que hem d'agafar el *vaporetto* a dos quarts de nou...

Ara! Ara venen, a les tres i cinc i fresques com dues roses...

—Aneu a dormir i demà ja en parlarem. Vaja, espero que no us hagi passat res.

—I què vols que ens passés? Eren molt simpàtics aquells tios...

—Si torna a passar, us enviarem a Barcelona, paraula!

Què bé que s'estarà al llit! Almenys no l'estranyaré, estic tan cansada!... I sort que en López no s'ha assabentat de res...

7

—Sí... Sí? Dos quarts de vuit? Gràcies... *Tante grazie!...*

Senyor, Senyor! Però si fa un instant que em ficava al llit... Paraula que no em llevaria. Em dutxo i crido la Maite i la Mònica... Mira aquest angelet com dorm. És la personificació de la innocència inconscient... Em dutxaré amb aigua freda... Ai, Senyor! Que la voluntat ja hi és, ja, però la carn és feble... A veure, així, així està al punt de tebior...

Maite, lleva't... Tu també, Mònica... I quin tipet que té la Maite, quins pits més tibants i quins malucs, ni amples, ni escanyolits, sembla una artista de cinema... Ai, qui pogués tornar als vint-i-tants!... Per què? Per tornar a passar el que he passat?... Fora fantasmes, que la Mercè Busquets, catedràtica d'història d'institut ja està bé tal com és, amb la seva quarantena i amb el seu pes, ni un quilet de més ni un quilet de menys...

Quin dia és avui?... Dimarts, catorze de març. Avui la Laura fa la prova d'anglès a l'Institut d'Estudis Americans. Tant de bo li vagi bé, a la meva petita Laura, com t'enyoro, cel... Bé, t'enyoro si em queda temps... Maite! Maite, lleva't d'un cop que jo baixo a veure que tot rutlli...

—*Buon giorno, signora*... Què diu? ¿Que dos nois del nostre grup van arribar a les quatre de la matinada? Quan baixin a esmorzar m'ensenya qui son, *prego*. Això ja és massa! ¿I en Valls, que va passar revista a totes les habitacions?

»Nois, aneu al menjador que marxarem d'aquí a deu minuts... Hi ha una bossa de picnic per a cada dos... Roger, no rondinis, que els esmorzars a tots els hotels del món són iguals. Agafa dos panets si et sembla que et quedes amb gana...

»Ester, emporta't la bossa amb els dos gatets, els deixaràs a l'autocar. Els de la neteja de l'habitació segur que te'ls trobarien i tindríem problemes... L'Antonio no dirà res, ja sap de què va la qüestió, ja. Ahir a la nit m'ho comentava mentre esperàvem... Res, res, no esperàvem res... Que vam xerrar una mica els profes i ell.

»Aquests dos són els que van arribar a les quatre?... Albert, Miquel, ¿què va passar ahir a la nit, vaja, avui de matinada, que heu tornat tan tard?... És clar que ho sé... Vau anar a la disco? Havíem quedat que hi aniríem tots aquesta nit. I si us arriba a passar alguna cosa, de qui és la responsabilitat?... ¿Que què em penso que us pot passar? Jo que sé, un accident posem per cas... ¿Que no hi ha ni un mal cotxe en aquest poble?... Mireu, deixem-ho córrer i que no torni a passar, entesos?...

*

* *

Un quart d'hora d'autocar fins a Punta Sabioni on ens embarcarem cap a Venècia. Quina il·lusió que em fa conèixer la ciutat dels canals! Diu la Mercè que en tot el dia no veurem ni un cotxe... I en López, pobre home, mira que s'ha posat plom repetint tantes vegades que anem molt amb compte que no ens caigués la màquina de fotografiar a un canal perquè ja l'hauríem vista prou... Ja vigilarem, home! Ell diu que a un company li va passar, que als alumnes del seu grup els van caure tres màquines a un canal. ¿Es creu que som curts, aquest home, tant repetir-ho?

Quina mala sort, ara es posa a ploure... Diu la Mercè que aquí, a Venècia, el temps és molt variable i que podrem veure els canals i els pontets amb la llum grisa d'aquest dia plujós i potser amb el sol. Tant de bo que sigui així...

Què bonic que és el trajecte amb el *vaporetto* i quin fred que fa! A en Marcel se li han enrogit les galtes i el nas i que maco que està! Vull veure Venècia amb ell i, potser, potser, d'aquí a uns anys hi tornarem junts, tots dos sols...

—Nois i noies, Venècia és molt romàntica i l'ambient fomenta les parelles!

—Mercè, dona, que no som nens petits...

—Si sou sincers ja m'ho explicareu... Penseu, però, que el viatge durarà una setmana i després tots tornarem a casa... A la família, a la feina de cada dia, als exàmens...

—No, dona, que empalmem amb les vacances de Setmana Santa...

El riure se li escapava per sota el nas quan ens deia això. Amb aquell aire mig fumeta, mig seriós, que té quan ens vol sermonejar...

Ja es veu Venècia, la plaça de San Marco, la torre del rellotge i el palau ducal... On és la basílica? És clar, des d'aquí no la podem veure, perquè el vaixell atraca just sota la paret del palau... I aquest deu ser el pont dels Sospirs...

—Ara se m'acut, ¿com és allò que escrivia Horaci, segons ens repeteix el de llatí?...

Carpe diem, Olga, que vol dir que aprofitis cada dia...

En Marcel té memòria per a aquestes coses. Per això treu una mitjana de notable, sap aprofitar bé els recursos...

—El meu avi de Reus sempre diu: «A viure, que són quatre dies»...

Sí, quines ganes que tinc de viure aquest dia a Venècia!...

Ja atraquem i en López continua escrivint el seu famós diari. Mira el paisatge i, amb el bolígraf a la mà, vinga a escriure... Hi hauríem de clavar una ullada, en aquest diari, però qui gosa?

Quin cop! Quina patacada! Aquest paio deu ser la primera vegada que atraca el *vaporetto*! ¿Però, què passa? Que ha pres mal algú?

—Al Corb li ha caigut el bolígraf a l'aigua... Ha! Ha! Diu que era un Sheaffer que li havia regalat la seva dona... Hosti! Tant que deia que vigiléssim que no ens caiguessin les màquines de fotografiar!

—No riguis, Marc, pobre López, se'l veu ben amoïnat...

*

*   *

Pobre López, sempre li han de passar a ell aquestes coses, així li fastiguejarà el viatge un parell de dies almenys...

—Tingui, López, agafi el meu bolígraf, és senzill però ja li farà el fet...

És pesat aquest bon home que ens ha caçat al mig de la plaça de San Marco. Ja ho sé, que la visita és gratuïta, ja l'he feta altres vegades... Ara, ara, anirem a veure com fabriquen el cristall de Murano... No, no, Valls, a Murano, no. Aquí a la plaça tenen un muntatge amb un petit forn de vidre per caçar turistes... Sí, hi podem anar, és curiós i espectacular de cara als nois...

I a mi, cada vegada que hi vaig, també m'agrada veure amb quina habilitat els artesans fan la bombolla amb la pasta del vidre i la modifiquen i la transformen fins a fer-ne un objecte, sovint força ridícul, és cert... Aquest cop em compraré un petjapapers de colors. Anirà bé al damunt de la taula on treballo a casa, o potser el deixaré a la taula gran del seminari a l'institut...

¿I el collaret de peces de cristall que em va regalar en Josep? No me'l poso mai... Aquestes vacances, si anem amb la Laura a aquell hostal de Joanetes, me l'enduré i el lluiré quan anem a Olot... Per cert, que hauré de fer revisar el Ritmo, que li costa molt d'arrencar... Deixem'ho, ara som a Venècia, i Venècia és Venècia...

—No cal pas que compreu, si no voleu. Això ho fan amb tots els turistes, però és bonic, oi?

Què fa en Robert? Ho he vist ben clar, s'ha fumut un cendrer a la butxaca... Ja sé que alguns actuen així al Corte Inglés, però no puc pas permetre-ho...

—Robert, vine aquí. Faràs el favor de tornar el cendrer sense que els venedors se n'adonin...

—A ells, no els ve pas d'un...

—Fes el favor de fer el que et dic o m'emprenyaré de debò.

L'exterior de la basílica de San Marco sempre

m'impressiona. Explicaré als nois la gràcia i l'originalitat de les cúpules i la riquesa dels venecians amb els seus negocis amb els bizantins...

Sempre hi han de fer obres? És la martingala que et preparen les autoritats italianes. Els llocs més interessants estan coberts amb les bastides i les lones... Solament passa a Itàlia? Comentava amb en Valls que els turistes que van venir a Barcelona durant l'any passat també es deurien sentir defraudats de trobar-se la façana de la Pedrera mig amagada. S'ha de fer, però... El cas és que m'ha servit per parlar als nois i noies de l'obligació dels governs de conservar els monuments que són patrimoni de tota la humanitat... Excepte dels ciutadans dels països del Tercer Món, m'ha puntualitzat en Valls...

L'interior de San Marco no em diu res. És fred, per voler ser massa grandiós. Fins i tot la Pala d'Oro amb la seva riquesa i les pedres precioses... ¿Quantes n'hi ha segons la guia, Marc?... No deixa de ser una xuleria dels ducs, i que els seus ossos a les tombes em perdonin.

*

*   *

Tant de bo em surtin les fotos, amb aquesta màquina que em va regalar l'àvia per l'aniversari. No ho sé, però, amb aquest dia tan gris... De totes maneres, sembla que vulgui clarejar, allà lluny trenquen els núvols...

Ara toquen les onze... Mira les escultures de bronze de la torre del rellotge —ai, com els diuen, sí, els moros— com li claven a la campana...

—Aquest despertador m'aniria de conya, tu, per despertar-me cada dia a les set! Vaja, a mi i a mig barri de Sants—ha comentat en Marc, que sempre en té alguna a punt.

Per cert, que en Marc i en Marcel, i jo, és clar, perquè no vull que se'm perdi, a Venècia hem estat dels que hem resistit més en la visita al palau Ducal. I és que hi ha tantes sales i amb tants quadres que arriba a cansar! Pel que es veu, els venecians tot ho feien en gran, tal com comentava en López, que encara feia una cara llarga de set pams per la pèrdua del bolígraf.

I són catxondos aquests venecians, que cada any casen la ciutat de Venècia amb el mar, amb una gran festa al Gran Canal, i llancen flors a l'aigua.

—Ho feien perquè el mar els fos favorable... El comerç marítim els donava molts diners...

En Valls en els seus comentaris és força materialista. Ara que, ben mirat, trobo que té raó...

La Mercè s'ha adonat que cada cop menys gent seguia la visita col·lectiva i no s'ha atabalat gens.

—Noto que hi ha un escaqueig general... Aneu passant cap a la sortida els que vulgueu i fixeu-vos en el pont dels Sospirs i en les masmorres, que són curioses... Els que vulguin, perquè cadascú és molt lliure de fer el que li sembli. A les tres, agafarem un *vaporetto* de línia, que és com l'autobús, sabeu?... I baixarem al pont de Rialto per tornar caminant per la part de la ciutat de l'altra banda del Gran Canal.

Resulta que el pont dels Sospirs deu el nom als gemecs dels condemnats que eren duts a les presons del palau. Quina decepció! Jo em pensava que era pels sospirs dels enamorats... I és que Venècia em torna romàntica. A mi sola? En Marc fa conya assegurant que al *vaporetto* de vinguda ja ha comptat, entre les dues classes, set parelles que feien manetes i quatre que anaven una mica més embalades...

Ara, ara, som a la part de la ciutat dels ponts i dels canalets, al darrere de San Marco. Quants que n'hi ha!... Hauré de comprar un altre rodet de fotografies...

—Mira, Marcel, les escaletes d'aquesta casa donen directament a l'aigua!

—Hosti! Si un dia surten trompes, quina remullada!

—No siguis bèstia, només se t'acut això? Mira les cases baixes i les finestres que deuen ser del segle XVIII...

—I tu, què dallonses saps, set-ciències?

—Això es veu, es nota, ruc!

Era simpàtic el *gondoliere*... I, tot plegat, el passeig amb gòndola ens ha sortit a mil peles per barba; és clar que no ha fet pas una gran volta... En Marcel és burro, o és un nen petit. Quan m'he apropat amb l'excusa de veure l'aigua i li he posat el braç a l'espatlla i m'he acostat molt, el ximple s'ha canviat de lloc, i de poc no bolca la gòndola, per esbrinar què era allò que flotava, que tots havíem endevinat que era una rata ofegada... Li ha estat bé el reny del *gondoliere*, que l'ha fet posar vermell com un perdigot.

—*Niño, quieto, guapo!* —li ha engegat en castellà...

Tot el matí que hem fet voltes i més voltes i ens hem trobat i retrobat amb la mateixa gent de l'institut, els d'un col·legi de Saragossa, els de Roses i un altre grup de Vilassar de Mar. Com que aquells carrerons semblen un laberint!

He comprat, com la majoria, un barret de palla amb una cinta blava i una màscara del carnaval. I quines fotos més boniques, les dels pòsters dels paisatges dels canals! Quan segui faré números i potser me'n compraré un per a la meva habitació...

Hem dinat el picnic que ens han preparat a l'hotel. Mira, *menos da una piedra*, que comentava l'Álvarez mentre fumia grans queixalades a l'entrepà de formatge que devia estar preparat des d'ahir al migdia.

No tindràs pebrots...

—Ja ho veuràs, què t'hi jugues?

—Un gelat de cinc mil lires...

Fet!

No hi ha hagut manera que en Marc i la Sandra

ens expliquessin de què es tractava. No han pas volgut.

—Els secrets compartits aviat els sap tothom... I ens arrisquem molt. I d'aquí no els hem tret...

En canvi, el que ens han dit, i he trobat que era una bona idea, ha estat això de comprar un bolígraf per a en López amb la inscripció de la ciutat i una gòndola.

—Mentre no el faci servir per fúmer zeros, que és capaç de tot!

*

* *

Mare de Déu, quin cansament! Tinc els peus rebentats, tot i anar amb sabates ben còmodes. L'únic que em sobra de Venècia són les escaletes de cada pontet. Ara que pobres *gondolieri* encara s'haurien d'ajupir més. La que està tan fresca és la Maite i el més fumut és en López... De totes maneres, si insisteix a venir a la discoteca, que vingui, tot i que es farà un fart de rondinar!

El passeig de la tarda ha estat bonic. Les placetes amb els pous d'aigua potable tenen un caràcter tan propi!... Fins i tot han vingut la Mònica i en Xavier. I, per cert, cada cop proliferen més les parelletes entre els nois i les noies. A l'hora de dinar, quan n'hem parlat, per majoria hem cregut que ja no hem de dir res més... Què vol, en López? ¿Que ens convertim en uns policies privats?... Teòricament, ja són responsables, aquests nois.

Que curt que m'ha semblat, el trajecte del *vaporetto* de tornada a Punta Sabioni i encara més l'estona d'autocar, tan ben asseguda... I quin detall més bonic quan en Marc, en nom de tots, ha donat el bolígraf a en López. Juraria que s'ha emocionat perquè no ha dit res i se l'ha ficat molt de pressa a la butxaca.

I ara a sopar espaguetis, ¿o potser hi haurà macarrons, aquesta nit? I sessió de disco, d'onze a dues, que ja n'hi haurà ben bé prou...

8

Avui aconsegueixo seure a la taula d'en Marcel. Què li passa que està com ximple?... ¿T'hi vols jugar alguna cosa que s'ha emprenyat amb mi perquè he procurat passar-li un braç pel coll? ¿O potser perquè el paio de la gòndola l'ha deixat una mica en ridícul? De tota manera, ni per una cosa ni per l'altra, n'hi ha per tant... Què faig? En parlem?... No, ara no, que a taula també seuen l'Ester i en Lluís. A la nit, a la disco, serà el moment apropiat.

L'Ester només parla dels gatets. Per a ella, Itàlia seran els gatets, que, a més, no són italians per molt que es diguin Romeo i Julieto... L'Ester és una mica carrinclona segons com, més que carrinclona sembla molt aviciada pels seus pares. És bona noia, però...

Què faig amb la brusa que em deixa l'Anna? Diuen que m'està bé amb els pantalons nous... Si em veiés l'àvia diria que és massa escotada i que semblo una *pelandusca*, que diu ella... Em maquillo? A veure?... No, no m'agrada, una mica de color a les galtes i els llavis suaus... Em notarà diferent en Marcel? És tan burro, el tio.

*

* *

He donat les gràcies a en Valls i ben cerimoniosament. «Mercè, mai no t'havia vist tan maca.» Per un cop o dos a l'any que vaig a una discoteca, bé m'haig d'arreglar una mica. En Valls, tan seriós, feia gràcia cada cop que deia una cosa agradable a una nena... I la Maite? Està maquíssima, tan jove, tan fresca. A veure si entre ella i en Valls hi ha algun embolic... En López com sempre, amb més bona cara, però sobretot quan m'ha dit: «Tenen cops amagats, els alumnes... Ha estat bonic que em regalessin un bolígraf, oi? És clar que no és tan bo com el que tenia... I tant que ens fan emprenyar a classe!» Per l'amor de Déu, López, miri els nois i noies amb uns ulls que no siguin els d'un jutge que avalua si saben física o no en saben!

I tots a la disco que és a cinc minuts d'autocar de l'hotel... Però, ja hi cabrem tots a la sala? Mare de Déu però si tots són alumnes i professors!

—Pel cap baix, aquí ha ha sis-centes persones —ha calculat en Valls.

—Espero que tinguin les sortides d'emergència ben disposades —l'ha tallat en López...

Jo no hi entenc, ja ho sé, però la música em sembla tota igual i per a mi que els *disc-jockeys* repeteixen els discos.

—La música és molt dolenta i els punxadiscos no en tenen ni idea —remuga en Lluís, que, malgrat tot, no ha segut ni un moment durant les tres hores...

Els nois i noies ocupen les dues pistes i ballen pels passadissos i entre les taules... Els llums de colors són agradables, però aquells raigs blancs i tan intensos fan mal de cap... «És la catarsi: els grecs anaven a les tragèdies i els nostres nois a la disco». Té gràcia aquest professor de Roses i, a més, potser té raó... A cada viatge de l'institut, quan vaig a la discoteca, penso en la diferència generacional... Tinc una mica de calor, a veure si puc arribar al taulell. Es veu que els profes i els xofers no paguem... Quina delicadesa comercial, amb la mà de lires que deu embutxarcar-se l'empresari durant la temporada de visites escolars...

—Ah, que ballem? Ah, sí, com vulguis Valls, és qüestió de moure l'esquelet, que diuen ells... No, no, al senyor López no el feu sortir, no... Deixeu-lo tranquil que prengui notes amb el bolígraf nou...

Els nois ens miren de reüll i somriuen amb una certa misericòrdia...

—Però què us creieu, que no ens agrada la marxa? Valls, anem a seure, que jo amb mitja hora ja en tinc prou, d'aquest rotllo. A veure si puc arribar al taulell perquè tinc una calor!

*

* *

—*¿Qué quiere, señora? Yo se lo alcanzo*... Coca-cola, sola? No dona, amb una mica de nervi!... Un cubata per a la professora! A més, no pateixi que l'autocar el condueixo jo i, paraula, que sóc molt mirat amb això de beure en hores de feina!

»*Cuánto crío, ¿verdad?* Aquests han trobat la manera de superar la temporada baixa de turistes... Sap? Aquí hi ha nens d'EGB que ara es veu que en comptes d'anar a Mallorca ja comencen a venir a Itàlia...

»Miri, miri, els *carabinieri*, aquests han ensumat que, de nit, vindrien aquests petits... Fixi's, van a parlar amb l'encarregat. Riuen? Segur que algun sobre ha canviat de mans... Si me'ls conec jo els italians! *Como si los hubiera parío*... Ai, perdó, senyora...

*

* *

Quina bona pinta que té aquesta disco! Sembla que està animat l'ambient... Quanta gent! També hi són els de Roses!...

—Anna, anem a la pista... És diver, oi?, ¿i en Marcel? potser és al taulell, ja el buscaré, ja... Què dius?...

Crida més que no et sento!... Què?... Els pits, què dius?... Sí, marxem de la pista perquè no entenc res de res.

Òndia, la mare! No m'hi havia fixat. Amb el moviment em surt més de mig pit. Quina vergonya!... Que se n'haurà adonat algú? Bé que ho has vist tu, Anna... Òndia! I ara què? Ja no podré ballar més, quina mala...

—Ves, què faig aquí asseguda? Mercè, mira què em passa... Que potser ho arreglarem? Si em trec els sostenidors serà pitjor, oi?... ¿Ah, que portes imperdibles a la bossa? Òndia, que bé! Mercè ets un sol!

En Marcel és allà.

—Puc seure al teu costat, oi?

—Per mi, fes el que vulguis, com si vols anar a peu al Gran Canal... Ha! Ha!

—Escolta, noi, que jo he vingut per parlar seriosament.

—Ha! Ha! Ha!

—Aquest matí i la resta del dia has estat una mica estranyot...

—Estranyot rima amb carallot... Ha! Ha! Ha!

—Però què et passa, tio? Marc, es pot saber què dallonses té en Marcel?

—Deixa'l, que porta un mig piano que gairebé va cec. S'ha futut tres gin-tònic, l'un darrere de l'altre, sense respirar, com aquell qui diu...

Òndia amb el nen! Té les galtes tan vermelles com sempre, i és que aquí dins fa calor. Potser sí, però, que li brillen una mica els ulls. Que descansi en pau, en el bon sentit de la paraula, que jo me'n torno a la pista...

Bufa, quin fart de ballar, començo a estar cansada i tot! ¿Qui és aquell que ha pujat a la tribuna dels *discs-jockeys*? No és pas de l'institut... Què diu?

—Visca el Barça, i els boixos nois!

I aquell altre que s'hi enfila?

—*¡Viva el Madrid y los de Getafe... y los del ultrasur!*

Òndia, quin merder!... Anna, a veure si això acabarà amb pinyes! I els de la disco, què fan? Sembla que també volen parlar:

—*¡Viva España y las mujeres guapas, y olé!*

Òndia! Potser pixen fora del test, aquests... És clar, ens deuen prendre per turistes...

—Visca Catalunya lliure!

—*¡Viva Zaragoza libre!*

—¡*Viva Getafe, man que pierda*!

*

* *

—Senyor, no m'aguanto de cansament. ¿Maite, tu també seus? I en Valls? Si fins i tot fa mala cara... És que el dia ha estat tan ple! I vostè López, vinga a escriure, ¿que me'n pot llegir un paràgraf del seu diari?

«És difícil d'entendre la joventut d'avui. Han perdut les formes tradicionals de comportament i han adoptat una manera de relacionar-se ben diferent... ¿Per què, després d'estar tot un dia en contacte amb la bellesa eterna de Venècia, han de perdre el temps en una discoteca, enmig de música eixordadora, de llums que irriten els ulls, bo i movent-se com uns esperitats?...»

—Què em sembla, López? No sé pas que dir-li, crec que és una qüestió de perspectiva... La majoria tenen disset anys i viuen Itàlia al seu ritme...

Ara pugen nois a la cabina dels que posen els discos... Vaja, ja comencen els visques. Quina hora és? Les dues menys deu...

—Lluís, puja-hi tu també i que anunciïn que els de l'institut hem d'anar marxant...

9

—Altre cop al cotxe... Ja no em recordava del viatge d'ara fa dos anys i que les tirades d'autocar fossin tan llargues. Ai, Mercè, els anys, els anys... ¿Quantes hores hi haurem passat durant el viatge, aquí, tancats? Gairebé podríem dir que és el nostre medi natural de convivència, el nostre microcosmos d'aquesta setmana que, certament, amb una certa variació musical se suportaria millor. Si és que els deuen sortir els Mecano per les orelles!... Què hi farem. Hem de ballar al ritme dels disset anys!

En López s'ha adormit amb els fulls del diari a la falda. Ja m'agradaria, ja, clavar-hi una ullada, però, no, no... A més, on tinc les ulleres? Vatua el món, han quedat a la tauleta de nit de l'hotel...

Deu minuts de retard per culpa meva, maleïdes ulleres, sempre penso que me les haig de penjar al coll amb un cordonet, però trobo que fa de senyora gran i jo encara sóc a la quarantena... Sort que en López no s'ha adonat que hem tornat a l'hotel. Deu prendre píndoles per dormir, el bon home...

Ja travessem els Apenins i tot seguit entrarem a la Toscana amb el seu paisatge suau, els turons que l'home ha dominat i els poblets escampats al voltant dels pujols...

—Olga, mira de fer alguna fotografia a través del vidre de la finestra... ¿Oi que aquest paisatge recorda el de casa nostra? I quanta indústria! Cada any que vinc em sembla veure més fàbriques.

Ja té raó ja en Valls quan diu que els italians són uns anarquistes que des que no tenen governs estables van millor que mai. I que el mateix passa amb l'economia submergida que els ha convertit en uns dels països capdavanters d'Europa...

Jo també vaig tenir el meu Giuseppe, i en vaig quedar ben farta, d'en Josep... Era qüestió de caràcters? O era la manera d'entendre la vida?... Que no, que no vull recordar i menys a Florència, tan carregada d'imatges felices. Què em passa en aquest viatge? Paraula, que altres anys no em passava...

La Maite té un Piero, un italià de veritat. Potser tindrem ocasió de conèixer-lo. Perquè és ben cert que no pas a tothom li ha d'anar la fira igual, com deia la meva àvia de Mataró...

A veure, què fa la gent? El personal, com diu el conductor... Aquest Antonio el porta la mar de bé, el cotxe, tot i que avui ja fa tres hores que condueix... Gairebé tothom dorm, menys els autors i autores de les riallades que se senten de tant en tant... Encara que anéssim amb les places justes, n'hi cabrien més, de tant juntetes que van les parelles... Si als disset anys la meva Laura viatgés així, potser m'empiparia una mica... O no?...

*

* *

L'Ester està desperta, seuré al seu costat i jugaré una mica amb els gatets...

—Romeo, xxxt... Que és el Julieto? ¿Que vols dir que ho saben ells, com es diuen?... Ester, Ester, que aquest bitxo mulla!... És clar que m'emprenyo. Mira quins pantalons que m'ha deixat, el molt malparit!...

M'he posat de malhumor, ben mirat, no tant pel gatet com pel ximple d'en Marcel que durant tot el trajecte està dormint la mona d'anit. És un nen petit. I per què m'agrada aquest nen petit?... Jo què sé! De tota maneres, si vol alguna cosa ja vindrà, jo no el buscaré pas.

Però és que no arribarem mai a Florència? Quants cotxes, quants camions...

Ja som a la ciutat. On anem, ara? Aquest parc per on pugem recorda una mica el de Montjuïc... Que bonica que es veu la ciutat, cada cop més avall, més allunyada...

La Piazza de Michelangelo, quina panoràmica... Deixa'm comparar el gràfic que vam fer a classe amb la guia. Aquella cúpula és el Duomo, Santa Maria del Fiore, si fins i tot el nom és bonic!... ¿Per on va en Marcel?... I el Campanile! I la torre de la Signoria! I l'Arno amb el Ponte Vecchio. Que és bonic!... Aquella església més allunyada deu ser Santa Maria Novella... Què diu la Mercè? Que, si volem, podem arribar-nos fins a San Miniato al Monte, que és una església molt petita i així començarem a veure les façanes florentines amb els marbres blancs amb línies de colors... Jo prefereixo seure al peu de l'estàtua de bronze del David i contemplar el panorama...

—¿Oi, Mercè, que aquest David és una mica desproporcionat?... ¿És una còpia, i el de la plaça de la Signoria, també?... Que demà veurem l'original...

L'alberg de joventut es troba en aquella muntanyeta que ens queda just al davant, a l'altra part de la ciutat. Com es diu? Deixa'm mirar-ho... Sí, és Fiesole...

Dinarem aquí. És una bona idea perquè l'autocar, tot i no moure'm, em fa venir gana. Allà hi ha el grup dels de la classe que menjaran amb la Mercè i en López...

—Agafi, agafi, López, que ens han posat el dinar a la mateixa bossa. Ens el repartirem com a bons companys.

I aleshores comença la conya. En López treu tota la mà untada de macarrons perquè s'ha rebentat la bossa de plàstic on en Marc i la Sandra van col·locar-los ahir a l'hora de sopar. Aquest era el secret que valia un gelat enorme!

L'home s'ha quedat de pedra i semblava entristit. A la Mercè, de primer, se li escapava el riure per sota el nas i després ha mirat de semblar seriosa.

—No tenen cap mena de respecte!... Una cosa així, abans no haurien gosat a fer-la. Els professors ja no representem res... —repetia en veu baixa en López.

La Mercè l'ha agafat del braç, mentre ens deia:

—No tinc cap ganes d'investigar qui ha estat, però mereixeria que els els féssim menjar... I semblen ben pastats amb la calor de l'autocar. El senyor López i jo anem a dinar a un restaurant... El que d'aquí a una hora no sigui a l'autocar, buscarà l'alberg pel seu compte.

10

Amb els anys que fa que vinc a Itàlia amb la gent de batxillerat encara no he estat mai en aquest alberg de joventut de Florència. Tothom diu que és net i no es menja malament...

—Quin barri més bonic, aquest que porta cap a Fiesole! Ve a ser com la nostra Bonanova o Sarrià, oi Valls?... I quina circulació per la ciutat, en això sí que noto un canvi... Com diu, Antonio? Sí, té raó, Itàlia és un país de bons cotxes i relativament més bé de preu que en altres llocs d'Europa... Que ja arribem? Aquest Antonio ho sap tot i ho coneix tot...

Entrem en un jardí esplèndid, una mica deixat, però... No serà el jardí dels Finzi Contini? Ja m'ha sortit la nota literària del llibre que llegia amb en Josep. I no vull recordar, no vull... Viuré Florència, al ritme dels nois, al ritme dels disset anys...

La casa, vil·la Camerata, té un aire entre barroc i neoclàssic. Quin palauet més agradable amb la nota romàntica del brollador i els peixos vermells en el petit estany... Caram, hi ha pintures al sostre, una imitació d'al·legories del barroc, i en aquesta saleta pintures de grotescos pompeians. Noi, quina categoria!

Aquest personatge que ens ha donat les claus de les habitacions desentona, amb el cap pelat i la bata de color gris fosc, com si es tractés del guardià d'un hospici. I la seva amabilitat tampoc no lliga amb la graciosa decoració.

—Sí, les noies en aquesta ala i els nois per l'altra escala... Molt bé, queda absolutament prohibit entrar a la part que no correspongui... Ja ho heu sentit! Ordres són ordres... Què dius, Marc?... És clar que t'has de fer el llit, va vinga agafa els llençols i no em diguis que no te l'has fet mai...

A en López, se'l veu satisfet amb aquestes mesures tan rigoroses...

—Jo també penso que s'han d'aplicar unes normes... Però tantes amenaces potser no calen. Ja ho sabem, ja ens ho ha dit que si es troba un noi a l'ala de les noies serà expulsat... D'acord, a les onze en punt es tanca la porta de l'alberg i no s'obre per a res fins a les set del matí... Miri, López, jo crec que amb amenaces no es va enlloc i menys amb els alumnes de disset anys.

*

*   *

Aquesta primera nit a Florència, a l'alberg, per sopar, hi havia macarrons i tothom mirava de reüll en López, que semblava una mica incòmode. Després hem explicat acudits al jardí i hem anat a dormir, en part perquè hem caminat tota la tarda i també perquè l'alberg queda allunyat del centre de Florència.

A l'habitació, mentre l'Ester, la Maria i la Mònica juguen amb els gatets, ja que no hi ha hagut cap complicació per entrar-los, jo tinc ganes d'escriure unes pàgines del diari, amb les impressions d'aquesta primera tarda a la ciutat de l'Arno.

«Avui, quinze de març, hem arribat a Florència. Hem recorregut, a peu i tots junts, el centre de la ciutat. La catedral m'ha impressionat per la seva monumentalitat i per la decoració de marbres blancs i verds de la façana, els murs laterals i l'absis.

»Crec que encara hi havia prou llum per fer les fotografies, malgrat que el cel estava una mica ennuvolat i em feien molt de mal els peus. M'he posat les sabates noves i, tot i que ja les podria haver donat la nit de la disco, aquesta tarda m'han començat a fer unes butllofes! La mare ja m'ho deia que no m'emportés sabates noves de trinca.

»El Campanile, tan esvelt, contrasta amb l'enorme cúpula que, vista des de dins de la catedral, no m'ha agradat. I és que l'interior de la catedral, per mi, que no val res... Bé, sí que hi ha algun detall bonic, però no es pot comparar amb l'exterior.

»Després hem anat a la plaça de la Signoria i resulta que el paviment està mig aixecat perquè han trobat unes restes romanes. I, a més, la façana del palau està mig coberta, com la *loggia*, d'escultures. M'ha decebut una mica i li he dit a la Mercè.

»—Sí que és una llàstima. Ja hi tornaràs més endavant... Florència és una ciutat que s'ha de visitar diverses vegades a la vida. Jo, la primera vegada vaig quedar tan ben impressionada!... Però això és una vella història... —m'ha dit ella.

»Al Ponte Vecchio també feien obres. Em sembla que han dit que hi col·locaven uns tubs de gas. I m'ha agradat més vist des de lluny perquè algunes botigues m'han semblat una mica horteres... Com es diu, això, en català?»

Quina son que tinc! Totes les de l'habitació ja dormen. Hosti, quin mal als peus. Vaig a refrescar-me'ls al lavabo, hi aniré en pijama, aquesta és l'ala de les noies i puc sortir tranquil·lament...

Què són aquests crits?... El porter de nit, quin escàndol que organitza. Què duu a la mà? Una navalla petita i, pels gestos, sembla que vulgui dir que han intentat forçar la porta que comunica la secció dels nois amb la nostra... Aquella que està d'esquena és la Mercè, i en Valls i en López també hi son. I a la nostra part de l'alberg, això deu ser gros. Ells no em poden veure, òndia, quin mullader! Jo diria, pels gestos, que en López està tan enfadat com el vigilant... I en Valls va cap a la porta de la secció dels nois... Si no encenc el llum del lavabo no em poden veure i ho sentiré tot... A l'italià no l'entenc, mira que parla de pressa, l'home, i quina cara de mala llet que té. ¿Què li diu la Mercè?

—*Signore, prego*, escolti i no cridi tant que em posa nerviosa. ¿Com ho sap, vostè, que han estat els nostres alumnes els que han intentat forçar la porta? Aquí hi ha altres grups espanyols i un de francès... Que està segur que ha estat un dels nostres? ¿Per la cara que fan?... Senyor, això no és seriós!... ¿Què m'ensenya, ara, què és aquest carnet? Ah, que vostè és policia?... Vaja, aquests italians... Denunciï el fet a qui vulgui i a mi demostri'm que ha estat un dels meus alumnes. Però què es creu, aquest home? Fa molts anys que el senyor Benito Mussolini és mort!... Escolta, Valls, ara que en López ja ha anat a dormir, fes una ronda per les habitacions dels nois, per si notes alguna cosa estranya. En Roger m'ha semblat que estava molt eufòric, mira si va col·locat amb algun porret... A veure si encara tindrà raó aquest vigilant!

No, mullader, no, merder és el que hi ha. Me'n vaig a l'habitació que no fos cas... Mira, aquí se sent algú que xerra, qui deu ser? Ah, la Maria i la Montse...

—Ja he trucat però molt fluix, que hi ha merder!... No us poseu així, òndia, ¿que potser era un secret el que us explicàveu?... Perdoneu, noies, me'n vaig a dormir...

11

Mitja hora xerrant amb el vigilant de nit de l'incident d'ahir i tot plegat per no aclarir res. Sort que el director de l'alberg, tot i la seva pinta de funcionari buròcrata, és més tractable i ha tret importància a la qüestió...

—Quants en falten per baixar a esmorzar?... Maite, i tu, Valls, passeu per totes les habitacions per veure si hi ha algú a qui se li han enganxat els llençols... No, vostè, no, López, el veig una mica cansat. ¿Vol quedar-se a l'alberg? El jardí és molt agradable... Com vulgui, com vulgui, ho dic per vostè. Miri, primer anirem a Sant Llorenç, a la sagristia nova, a veure les tombes dels Medici i les altres escultures de Miquel Àngel i continuarem amb el David de l'Acadèmia... Després, que trepitgin Florència i que dinin pel seu compte, que avui no ens donen bossa de picnic... I a les tres anirem a la Galeria dels Uffizi... Escolta, Elisabet, ¿et sembla que es pot visitar una ciutat amb sabates de taló? No em diguis que no n'has dut d'altres... Encara sort, corre, vés a canviar-te-les...

Tinc ganes que l'autocar ens deixi al pàrquing del darrere de l'estació per començar les visites.

—Tu, Maite, aniràs pel teu compte amb en Piero I per què m'ho expliques? Ah, em deixes el telèfon per si hi hagués alguna cosa. Molt bé, molt bé, que us divertiu...

—Digue'm, Olga.

—Un dels gatets de l'Ester s'ha ficat per la galeria a la secció dels nois...

—Digue-ho a en Marcel o a en Marc o a algun dels nois, que el busquin i el treguin...

—És que fa una estona que l'Ester també hi ha entrat i, si la veu aquest senyor que crida tant, s'organitzarà un sarau...

—Oi tant, aquí se'n pot organitzar una de grossa... Valls, ¿que et fa res d'anar a les vostres habitacions i mirar de treure l'Ester i el gatet, sense que se n'adoni el policia aquest?

No vull posar-me nerviosa entre allò d'anit i això d'ara, que haig de tornar a fruir de Florència... Ara, ara vénen, en Valls, en Lluís i en Marcel... Duen un cove de vímet dels de deixar els llençols bruts. ¿Què m'indiquen? Que distregui el policia...

—*Signore, prego*, si aquesta nit sortim tot el grup,

ens deixarà tornar una mica més tard?... Que ho demani a l'oficina, a l'administrador...

Ai, ai, que se m'escapa el riure. L'Ester ha sortit del cove amb el gatet a les mans i encara duia un llençol al cap!...

—Ester, baixa de l'habitació els dos gatets amb la bossa i els passeges per la ciutat... Té raó en Valls, no fos cas que per sopar mengéssim macarrons amb carn de gat...

Per fi tornem a trepitjar els carrers florentins. Quines botigues més maques i que car que és tot. La Mònica s'atura cada dos per tres davant les botigues de jaquetes de cuir. Deu ser veritat que se'n vol comprar una. Ara, que també hi ha pares que els donen massa diners...

Sant Llorenç dissimula bé des de l'exterior les meravelles que amaga a dins...

—Els que encara no han fet els divuit anys, la majoria, que es quedin a la dreta, que no han de pagar l'entrada.

Ves, una altra frontera que es traspassa amb la majoria d'edat.

M'agrada contemplar els nois en silenci, davant les tombes dels Medici. Que diguin el que vulguin, la bellesa encara els impressiona.

—Fixeu-vos que aquests cossos de Miquel Àngel representen la plenitud de la maduresa, del poder i de la saviesa que vetllen les despulles de Juliano i de Lorenzo, representats com l'home d'acció i el reflexiu, el pensador... Després veurem l'ideal de la joventut en el cos del David...

—Mercè, Mercè!

—No cridis aquí, què tens?

—Aquell home d'allà em volia grapejar!... Quin esglai que m'ha fumut, el porc...

—¿Aquell que dissimula, que va ben vestit i porta una cartera com d'executiu?... Quin bandarra, no sembla pas que empaiti noies... Deixa-ho córrer, que ja marxa... Em jugo alguna cosa que va als llocs on hi ha visites escolars per buscar nenes...

Quanta gent a la sagristia! En Valls s'hauria de quedar al darrere per evitar que algú es despisti. El David, vull que el vegin tots.

Què passa, ara? ¿És que no sabem caminar en grup? En Lluís s'està pegant amb un xicot i en Pablo es veu acorralat per aquells altres dos. Però, què és això?... Haig d'avisar un policia. No cal, en Valls i aquells venedors de les paradetes del mercat ja els han separat...

—Què ha passat?

—Aquells tres nois, que eren uns feixistes de merda!

—I per què us hi posàveu?

—Han estat ells, Mercè, han començat a cridar *Viva il Tejero, Viva Giorgio Almirante*; escolta, i qui és aquest tifa d'Almirante?

—Un feixista italià que, pel que diuen, organitza la trama negra internacional... Després, quan aneu sols, si tornessin aquests o uns altres grups, arrenqueu a córrer i aviseu de seguida la policia... Ai, senyor! I és que anar amb vuitanta pel món, ja és difícil, ja.

—Però si nosaltres no els hem fet res!

A l'Acadèmia, a l'entorn del David, s'hi respira un ambient especial. Sempre ho he notat i després ho he comentat amb la persona que m'acompanya. Si hi ha un lloc, un santuari de l'art, és aquest que presideix el David... I ves quin pensament més poca-solta. Em sap greu, però, per mi, és veritat... El David és l'art amb majúscula. És la concreció d'un geni, si és que existeixen els genis... I tant que existeixen els genis!... Mercè et fas gran, filosofes massa...

He tornat a envoltar-lo, a admirar l'energia continguda de cada múscul, de cada detall del marbre tan ben treballat. M'he tornat a quedar clavada amb l'expressió del David, desafiadora, amb aquell punt de temor i d'insolència davant el fet desconegut. O conegut, si més no, intuït: la força de Goliat...

I els nois, i els alumnes? Molts no gosen ni parlar. Els aclapara l'escultura i tot el que hi ha al darrere... No sé pas si ells filosofen; callen, pensen i reben... Reben tota la tradició de la mitologia bíblica, del classicisme humanístic i de l'art renaixentista en silenci i amb els ulls ben oberts...

I penso. A aquests nois i noies, ¿la vida què els tornarà, uns David, uns Goliat?... Jo no ho veuré pas, perquè l'afecte que ens podem arribar a tenir dura un parell d'anys, tres com a màxim... Per mi, en Josep va ser un David i ara, què és?... Prou; tornaré aquest estiu amb la Laura que és meva, ben meva i prou.

*

* *

No sabré pas escriure al diari tot el que m'han suggerit les escultures de Miquel Àngel, les dels sepulcres del Medidi i el David... I La Mercè ha comentat unes coses tan boniques!

Davant el David, fins i tot en Marc ha callat i jo he buscat la mà d'en Marcel i ell l'ha evitat. Volia transmetre-li tot el que jo sentia per la bellesa, per l'amistat i per l'amor... Què li deu passar? Durant el curs a l'institut gairebé sempre anem junts i parlem molt de tots els temes. Em sembla que no li desagrado pas. No sóc cap bellesa, jo, però tinc les faccions correctes i els cabells rossencs em queden bé. Almenys això és el que diuen...

A les tres en punt érem davant de l'entrada de la galeria dels Uffizi i hem hagut de fer una mica de cua. També hi eren els de l'institut de Roses. Ells van poca gent i semblen molt simpàtics. Dels nostres, n'han faltat alguns, entre ells la Mònica i en Xavier... I és que la Mònica és llançada i, pel que diu, les relacions amb els nois sempre li surten bé...

Hi ha massa quadres a la galeria i me n'he cansat. Tot i que la Mercè solament ens feia aturar davant de les obres mestres de Giotto, de Botticelli, de Rafael...

Però és que n'hi ha tants, de quadres! De tota manera, és molt interessant descobrir la composició d'una pintura i adonar-se que no hi ha cap detall deixat a l'atzar, amb les seves línies de força i la recerca d'una perspectiva... I en sabien de pintar!

—Mercè, ara algun pintor podria fer uns quadres semblants, o un escultor, un David?

—Sí, és clar que podrien, però no els interessa... El Renaixement ja va expressar el que havia de dir i el Barroc també. El color i les formes es veuen d'una altra manera, o fins i tot es menysprean per buscar uns camins nous, una renovació, una investigació...

—El que vulguis, però jo em quedo amb aquests artistes...

—Perquè tens disset anys i perquè encara no has estudiat art a fons...

Dues hores ben bones hem estat al museu i després hem anat a passejar i amb la guia a la mà hem vist l'església de la Santa Croce amb els frescos de Giotto. I a Santa Maria Novella hem trobat la Mercè i en Valls, que tiraven una moneda rere l'altra perquè s'il·luminessin les pintures de Ghirlandaio. Quina gràcia, has de pagar per veure bé els colors...

—Ara us toca fer les visites pel vostre compte, ja m'explicareu el que veureu... Qui?... El senyor López ha agafat un taxi i ha anat a l'alberg a descansar. Feu-vos càrrec que ell ja no pot aguantar aquest ritme...

El gelat que la Sandra ha pagat a en Marc era enorme. És clar, que una juguesca és una juguesca. Els altres de la colla ens hem animat i, fins i tot la Gemma n'ha pres un de vuit mil lires... I després que vagi dient que es troba malament per culpa de la regla!

Aquesta nit sortirem. Jo preferiré passejar per la ciutat que anar a una disco. Totes són iguals, si fa no fa. Potser en Marcel estarà més afectuós amb mi... Però en el fons, per què m'afecta la seva actitud? Si és que jo passo d'ell. O potser no...

12

Quines ganes que tenia d'arribar a l'alberg. Una bona dutxa em deixarà com nova, tot i que a aquesta hora hi deu haver força aigua al terra dels lavabos. Ai, el bany de casa... Ep! Que aquest enyorament de les comoditats casolanes m'alarma una mica. ¿On és la Mercè viatgera que presumeix de conèixer les ciutats italianes gairebé com el palmell de la mà?... On és?... ¿I on són els quaranta i pocs anys que porto a coll-i-be l'un al damunt de l'altre?... I és que aquests nois són com uns poltres salvatges, i ja sé que el pensament no és gens original; i elles, una mica més grans d'edat psicològica, com unes eugues de bon trotar. Quin ritme, aquest viatge!... I quina marxa que duen els nois!

El que m'amoïna una mica és en López. L'home vol ser a totes i no s'adona que l'edat ja no li ho permet... Aquest cansament que ha agafat aquesta tarda. Ves, que no ens doni un ensurt. Encara em deia:

—A la nit vindré a passejar per Florència amb vostès... És que em fa por que no els puguessin controlar. A la nit hi ha molts perills, aquí a Itàlia, segons diuen. Aquests nois necessiten mà dura, sobretot quan van en grup... Molta disciplina necessiten i vostè, i perdoni, Mercè, és com, és com...

—Una mare, ja pot dir-ho, ja, López.

—No, com una germana gran que els deixa passar massa coses...

¿Com se li podria fer entendre que els professors, com tots els professionals, i segons l'edat, podem actuar d'una manera o d'una altra? I, sobretot, ¿com podria comprendre que els temps han canviat i que aquests adolescents se'n fumen del mort i del que el vetlla? Jo diria que només respecten la sinceritat que veuen en els adults...

Sí, és ben cert que en aquest viatge filosofo massa i sort que m'he tret en Josep del cap. Me l'he tret?... L'hora d'arribada d'aquesta nit haurà de ser per força la una, tant si anem a passejar com si anem a la disco; si no, a dormir al ras. Bé, en honor de la veritat, a la discoteca de Giesolo, no van pas remugar gaire a l'hora de plegar... O sigui, que podré dormir des de dos quarts de dues fins a les vuit...

De moment, sembla que la dutxa em descansi, però el pessigolleig a les cames no me'l treu ningú. Me'l treurien deu hores de dormir, i al llit de casa.

Ja baixen els nois i les noies, els *pimpollos*, com deia la meva mare, i ben empolainats. No sé pas si són correctes aquestes expressions, però és una llàstima que es perdin perquè eren molt vives...

Els de Roses també sortiran. Anirem junts, molt bé... Els autocars ens deixaran a la plaça de l'estació i ens recolliran a tres quarts d'una.

—*Y no sufra, señorita, que yo me encargo de la puntualidad*...

És maco, l'Antonio, que sempre és a punt. Si ensopegues un bon xofer, el viatge té molt de guanyat. Encara recordo aquell de fa quatre anys que tot ho trobava malament i que es passava el dia remugant i renyant els nois.

—D'acord, els que vulguin anirem a passejar per la plaça del Duomo i la Signoria i els altres es quedaran a la discoteca, tant els de Roses com els nostres. Jo, si no us fa res, prefereixo anar a passejar que tancar-me a la disco... ¿Us hi quedareu els dos professors de Roses? Gràcies, nois. Aleshores en Valls i jo ens endurem la resta. Us acompanyem fins a la disco...

No m'agrada gaire aquest ambient de l'entrada de la discoteca... Aquí hi ha gent gran, no és pas com al Lido. Jo diria que alguns d'aquests homes són *ligons* a la recerca de grups escolars... Si potser hi és fins i tot aquell amb aire d'executiu que molestava la Lluïsa a la sagristia. A veure, per dins? Aquí hi ha moltes boques de dracs i una decoració exòtica que vol ser misteriosa...

—L'entrada val quinze mil lires? Vosaltres mateixos... Escolteu, els profes de Roses. Si noteu alguna cosa d'estrany els feu tots fora...

És com si les anades a les discoteques formessin part del ritual d'aquests viatges de final de Batxillerat. Per a alguns són imprescindibles... I amb la bona nit que fa avui...

La plaça de la Signoria està poc animada. Les obres espanten els grups que es reuneixen aquí a les nits per cantar i ballar. Que bonic era quan es feien aquelles rotllanes amb nois i noies d'arreu i es dedicaven cançons!... Encara hi ha lloc per seure a les escales...

Ja arrenquen amb Lluís Llach. L'ambient no afavoreix les cançons dels Mecano. Ara vénen dos grups... Aquest és francès i l'altre japonès!

—Què dius, Valls? Que els japonesets, de joves, ja prenen vistes per quan tornin dintre d'uns anys disposats a muntar empreses. Sí, potser sí... ¿Tu hi has parlat, Eduard? Que es passen dos mesos a Europa? Déu n'hi do! És clar que han d'amortitzar el viatge...

Encara s'ha animat la cosa... El que em temia, els japonesets de l'americana blava i la gorreta groga volen que els nostres ballin flamenc. Sembla mentida com tenen ficat els estereotips al cap... Mira, mira, la Rosa i en Manel amb quina gràcia que es belluguen...

—Què dius, Valls? Dos quarts d'una. Hem d'anar cap als autocars, ara que ens divertíem, oi?...

L'Antonio ha complert la seva paraula i els tres

autocars ja ens esperen. Ara vénen els de la disco. ¿Hi ha hagut problemes?... Una bufetada de la Montse a un xicot... ¿Hi havia moltes noies assegudes que buscaven rotllet? Oh, ja. ¿No us deia que l'ambient m'ha semblat força diferent del de l'altre dia? Pugem als cotxes...

—Qui falta? Els de Roses ja hi sou tots... ¿I dels nostres? La Mònica i en Xavier? Cinc minuts, no podem esperar més, que el vigilant de la nit és l'amo de l'alberg i si s'emprenya no ens obrirà... Què dius? Que et quedes tu, Valls, i quan arribin pujaràs amb un taxi. D'acord... Us esperarem a la porta de l'alberg...

Tres quarts de dues i en Valls i els nois no vénen... En temo que se'ns presenta una nit... L'Antonio no vol anar a dormir, diu que haurem de fer una ronda per les discos... Ara ve en Valls, i sol, res de res, ni rastre de la Mònica i en Xavier...

—I ara, què fem? Calla, vaig a telefonar a la Maite i a en Piero. Tant de bo els trobi...

Per sort eren a casa d'ell. Ara vénen...

—Molt de gust, Piero, i em sap greu haver-vos de molestar. Creus que, de moment, millor no avisar la policia que organitzaria un gran merder... Farem una volta amb el teu cotxe, és clar, l'autocar no ens serveix per als carrerons... Valls, si no et fa res, queda't i procura que en López no s'assabenti de res... Som-hi. Les tres, ja!

És molt agradable en Piero i quin conjunt més elegant que ha regalat a la Maite!...

—Noia, em sap molt greu haver-vos fastiguejat la nit... Tens raó, el primer és el primer...

I ara, la ronda per les discos... Les quatre i ja n'hem visitat tres, les més cèntriques, i ningú no ha vist la parella...

—A veure, ¿creus que hem de preguntar a algun hotel? Tots dos són majors d'edat. Si hi han anat, no els hauran pas posat dificultats per admetre'ls... No, no, les pensions de mala nota, no. No cal visitar-les... Què diu l'Antonio? Que hi ha un club als afores. Com? El Nothing... I potser algun taxi els hi ha dut... Miremho... Dos quarts de cinc. Quin maldecap que tinc i quin cansament!... És bonic aquest club amb la piscina, la gespa, les llums indirectes... No cal dir que és de gent rica. Ui, quin ambient! Té mala fama, Piero? Ah, la policia l'ha clausurat algunes vegades per qüestió de drogues. Aquí no hi són i l'encarregat ha estat prou amable... Aquella noia que entra al xalet té un aire que m'és conegut, és clar que d'esquena... No, no, la Mònica és morena i aquesta és rossenca i el noi que l'acompanya, tan ben vestit, segur que no és en Xavier... Al club, res de res. Mirem els hotels... Ja són les sis?... Als hotels ningú no els ha vist. Anem a l'alberg i parlarem amb el vigilant que és policia. A veure què es fa en un cas com aquest... Piero, sort de tu, noi... Ja arribem a l'alberg... La pujada, el jardí, encara és ben fosc i els pins semblen més alts que de dia... Per pins, estic, jo!... Ep, mira aquells dos que ens fan senyals... Són ells! Ai, gràcies a Déu! La Mònica van ben coixa. Què us ha passat?

—*Cojones, que noche nos habéis dado, angelitos*!

—Què us ha pasat?

—Hem fet tard a l'autocar. És que, saps?, Mercè, hem anat a un pub que hem descobert a la tarda... Quan hem arribat aquí, hem pogut saltar la tanca del jardí, després, a la de la casa, he caigut malament... Aquest peu em fa molt de mal... No, no us hem vist, quan heu sortit a buscar-nos en cotxe. És que hem fet el tomb per tota la finca per veure si hi havia algun lloc sense tanca...

—Ja en parlarem de tot això... Ara, el primer, és anar a fer-te mirar el peu... A veure, aquí tinc el número de la pòlissa internacional d'accidents... L'acompanyareu, vosaltres, Piero i Maite? Gràcies... Vaig a estirar-me una horeta al llit, que avui hem de sortir a les nou del matí cap a Siena...

13

Què passa, ara? On sóc, a casa?... Truquen a la porta... És la Mercè, que ens llevem, fem la bossa i baixem a esmorzar... Noies, lleveu-vos! La Mercè diu que sortirem cap a Siena dintre de mitja hora... ¿Què et creus, maca? Que ets l'única que té son? Vaig a les dutxes abans que s'omplin... Òndia! I la Mònica? El seu llit no ha estat desfet...

Ester, Maria! Diuen que la Mònica i en Xavier no han vingut a dormir. Es veu que els van trobar en un hotel, òndia!... I diuen que la Mònica és a l'hospital... Vaig a baix al menjador a saber què hi ha de cert...

Melmelada altre cop, amb el fàstic que em fa... Marcel, ¿diuen que en Xavier i la Mònica han passat la nit en un hotel?... Ah, ja em semblava a mi que van arribar quan l'alberg ja era tancat i, en voler saltar, la Mònica s'ha trencat una cama... Marc, no facis conya dient que és una Julieta poc entrenada... No té cap gràcia. I ara, els enviaran amb tren a Barcelona? Suposo que anant bé arribaran igual que nosaltres... En López, en Valls i la Mercè estan reunits i discuteixen... Òndia, si m'arriba a passar a mi, el meu pare em desmunta...

Mira, la Mònica, la Maite i un noi guapíssim... Vols-t'hi jugar que és en Piero? Quina bona parella que fan, semblen de cine. La Maite porta un conjunt elegantíssim. A que li ha regalat en Piero.

Una distensió de lligaments, però porta el turmell enguixat i va amb crosses. No xulejarà ni res, la Mònica amb el guix... ¿Que van anar a un pub, molt elegant? Si no fos perquè ho veig, diria que es tracta de boques, boques...

No arrenquem encara? A l'altre autocar falta algú. Qui? La Roser Casals, no la conec... Ah, sí, és aquella que sembla que tingui vint-i-tants anys i es rossenca... Ara baixa la Mercè. Tots els profes i els xofers estan de reunió i en Piero...

Òndia! No era a l'alberg i ningú no se n'ha adonat fins ara? Ah, dormia amb la Maite i, en no ser-hi, ningú no l'ha trobada a faltar... Òndia! I ara encara no saben on és...

Un cotxe. Un Alfa Romeo vermell... Dos homes grans i la Roser que sembla que vagi mig adormida...

*

*   *

—La Roser Casals, falta? Qui és, jo no la conec... És de la classe que fan la història amb l'Elvira. Sí, sí, ja la recordo, és aquella noia que sembla molt més gran que les altres... ¿Però com és possible que ningú no l'hagi trobada a faltar? Dormia en una habitació de dos amb la Maite... Bé, bé, ai Senyor! I, ara, què fem?... Crec, Piero, que hem de posar una denúncia... ¿Contra qui? No ho sé, almenys, notificar a la policia la seva desaparició...

Un cotxe. Un esportiu de color vermell. Hi van dos homes grans i ella, la Roser que sembla que no s'aguanta... Ai, Senyor...

Piero, Piero, pregunta... Discuteixen, es provoquen, es claven empentes... En Piero quasi es pega amb aquests homes.

—Roser, què t'han fet?

—*Maravillas, tito... maravillas...*

—Estàs beguda... Si és que no t'aguantes...

—Sí, estic... borratxa... I què?... Sóc... major d'edat... i agafo un piano... sempre que em surt... i als meus amics els surt dels... Ha! Ha! ha...

—Roser, per l'amor de Déu, que estàs fent l'espectacle davant tots els companys. Vine, entrem a dins de l'alberg.

—Jo dono tot el que tinc... ho voleu... veure?...

—Roser!

—Tu calla... Mercè... que en ta puta vida... No saps el que és... una orgia... De conya! Sabeu tots... m'ho he passat de puta mare...

—Calla, Roser!

—Calla tu... bleda... Mercè, la màrtir... Ha! Ha! ha!... La verge!... Que deu fer anys que no dorms amb un tio!

Per fi la Maite i en Valls l'han entrat a l'alberg. Quina vergonya, Senyor! Pobre noia, l'han ben entrompada... I com ha pogut passar. El que realment ha succeït no ho podrem saber fins a la tarda quan li hagi passat la borratxera... I davant de tots que ha donat l'espectacle.

—Sí, Piero, no saps el nom, però tens la matrícula del cotxe. Una denúncia? Sí, alguna s'ha de fer, per dir-ho als pares, però aquesta noia és major d'edat... I tant, si hem de saber el nom d'aquest parell, i es veien homes grans i ben vestits que anaven... Calla, burra de mi! La noia rossa del club Nothing. Sí, oi, Piero? Han dit que eren en aquest club. Em sonava aquell aire però no la tinc a classe i no la vaig reconèixer...

*

* *

Quina hora és? Dos quarts d'onze i del dia disset, l'últim dia de viatge... Quin numeret, el que ha organitzat aquesta Roser. Pobre Mercè, que l'ha hagut d'aguantar, jo li hauria fumut un parell d'hòsties...

—Calla, Marc! No siguis animal! ¿Que s'ho haurà

passat de conya? Depèn del que tu creguis... Jo, estreta? Calla, imbècil!

A veure, Siena i Pisa. Ja hi som tots a l'autocar i, on seu en Marcel?... Amb el seu inseparable Marc. Serà burro el paio!... Tant me fa, el que pugui passar...

—No, no seguis aquí al costat que hi posarem els jerseis i les bosses... A més, potser vindrà a seure-hi ell...

*

* *

Coño, con los niñatos, que se'ls va fer tard i amb la puteta aquesta... I encara sort que tot ha acabat bé, vaja, és d'esperar. Potser és el més fort que m'ha ocorregut en aquest tipus de viatges... I sort que la Maite té un amic aquí, ja em veia passant el dia a la comissaria. Té serenitat aquesta Mercè, sabia contenir els nervis... A veure, pel retrovisor? Com dorm, pobra dona...

I la *rubita*, que es despenja amb en Piero, aquell italià que sembla un galant de cinema. Ha... Ha... El tipus se sabia les discos millor que jo... Han fet bé d'anar a Siena amb el seu cotxe, amb la Mònica i la cama enguixada i amb aquesta de l'altre autocar que es passarà el dia clapant la mona.

Es veu que el profe *pajarraco* els volia enviar en tren a Barcelona... Ha... Ha... què més haurien volgut ells que tota una nit de tren, a menys que els hagués acompanyat aquell xicot tan seriós, com li diuen? Valls... Animal, que no veus que et faig un avançament?... A la propera gasolinera, pararé i que agafi el volant en Genaro. Estic retut, sembla que tingui sorra als ulls...

*

* *

No m'he ficat amb aquells italians, perquè la cosa hauria acabat malament de veritat! Estic indignat amb la Casals i amb aquest parell de vells verds... Mira que els he controlat aquests nois i noies, vaja, jo i tots els professors i sempre hi ha d'haver algú que te la fum. Ja li he dit a la Mercè que en arribar a Barcelona, si vol, seré jo qui telefonarà als pares. Han d'estar previnguts pel que pogués passar. I ella diu que no, que és la cap de l'expedició i li toca a ella... Si és que encara l'excusarà!...

A més, mai no els perdonaré que no m'hagin informat del que passava aquesta nit, amb l'absència de la parelleta, com es diuen... Mònica i Xavier. O és que em veuen tan vell i acabat que ja no em tenen per res... Jo estic en plena forma, malgrat que arribant a Barcelona em faré mirar aquest doloret que tinc a la boca de l'estómac...

Jo, a la Mònica i el Xavier, els hauria enviat a Barcelona amb tren i pagant els pares. Un bon escarment, sí senyor! Ja els hauria acompanyat jo, i com em dic

López que no s'haurien mogut del seients en tot el viatge... Massa tova és la Mercè amb els alumnes. A sobre, que la Mònica vagi a Siena, ben asseguda i amb el peu estirat... No, no és un doloret, és una molèstia a la boca de l'estòmac. Això no té cap mena d'importància, deu ser de menjar tanta pasta... Com dorm la Mercè, pobra noia, ha d'estar ben cansada. Jo em mantindré despert pel que pugui passar... A veure, quina mania que tenen d'ocupar un seient i mig entre dos! Si la meva Montse viatgés així li fumeria una bronca que se'n recordaria... Ja tornem amb la música d'aquella noia que té veu de bleda... Ai, Senyor, aquests nois són capaços de fer-te anar pel camí de l'amargura.

*

*   *

On som? Però si ja estem arribant a Siena! Quina dormideta que he fet... I quina vergonya que he passat amb aquesta Roser Casals! ¿Serà desvergonyida la mossa?... L'han ben entrompat aquell parell de poca-vergonyes. I tant de bo que només hagi estat això... Ara que, certament, la noia es veu més gran que tota la resta. Diu en Valls que repeteix el tercer i ja havia repetit el primer.

Condueix en Genaro, millor. Ara que en Piero també deu estar rebentat, i la Maite. Si a la comissaria els han atès de pressa ja duen ser a Siena. La parella s'ha ben guanyat el dia per poder estar junts... Suposo que portant, a més de la Mònica, la Roser, ens esperaran a l'aparcament d'autocars i després que desapareguin, que s'ho han ben guanyat... ¿Què m'ha dit que feia en Piero? Ah, sí, representa articles esportius. Ja lliga amb la feina de la Maite... Tant de bo tot els surti bé perquè fan una excel·lent parella.

No m'havia passat mai una cosa tan grossa en els viatges que porto fets amb gent de batxillerat. Quina vergonya! I tots els alumnes que miraven!

Amb la dormida m'he perdut el paisatge de la Toscana, tan suau, tan mediterrani, tan nostre. Què hi farem, el veuré l'any vinent. Què dic l'any vinent? Aquest setembre quan torni amb la Laura...

No m'han apallissat mai, però després d'una bona allisada, un es deu trobar com jo ara... Ai, que em ve la plorera. No, no haig de plorar. Em vencen els nervis. Sort que només queda un dia, perquè aquest viatge pot amb mi... Em posaria a plorar. No, no, de cap manera.

14

A Siena hi serem només mig dia, i el viatge ja s'acaba... I ara ja es veu la catedral dalt de la muntanyeta, són dos quarts de dotze i marxarem a les cinc per poder veure Pisa amb claror de dia.

La Mercè vol que visitem tots plegats la Piazza del Campo i la catedral, i després dinarem pel nostre compte. A l'alberg no ens han preparat bossa de picnic, les bosses es van acabar amb el *show* dels macarrons a la plaça, com es deia?... Ah, sí, de Miquel Àngel, de Florència.

En López fa mala cara, molts ho hem notat i l'Ester diu que n'hi hem fet un gra massa, que ens hem passat. Jo no ho trobo pas; quan li vam regalar el bolígraf, l'home estava ben emocionat, se li notava. A més, la Mercè i en Valls van molt amb ell, però és que nosaltres no li podem buscar conversa... Primer, perquè no ens surt i, després, tothom diria que som uns pilotes.

La Mònica ens espera ben asseguda i amb la cama estirada en un banc del passeig de l'aparcament d'autocars. En Piero i la Maite estan menjant un gelat i la Roser dorm dins del cotxe. Hosti, quan hi penso! Quina vergonya que em faria a mi si m'hagués passat. Ara, em jugaria qualsevol cosa que s'ho ha buscat... Mira que és guapo en Piero i, pel que diuen, anit es va portar molt bé.

La Piazza del Campo és enorme. L'hauria de veure el meu pare, que afirma, suposo que en to de broma, que la plaça de Balaguer és la més gran del món... En prendré algunes notes per descriure al diari els edificis gòtics, el Palazzo Pubblico amb la torre i l'harmonia del conjunt. En aquesta plaça es veu que hi fan aquella cursa de cavalls en què els genets van vestits com a l'Edat Mitjana i la desfilada de les banderes... Aquests *alfieri* que porten les banderes i les llencen enlaire i les tornen a entomar. Els vaig veure a Barcelona, fa dos anys a les festes de la Mercè. Deu ser difícil córrer a cavall per la plaça inclinada. I el paviment és curiós, amb els maons col·locats de cantell. I mira que en van necessitar!

En Marcel i en Marc han vingut tota l'estona amb l'Ester i amb mi. L'Ester no deixa mai la bossa amb els gatets, que jo juraria que han crescut... En Marcel ha vingut sense que jo li digués res i el veig més amable amb mi, almenys així m'ho sembla...

Per paviments, el del Duomo. Quina cosa, i quina feinada! És com de marqueteria però amb peces de marbre que dibuixen —com ho ha dit la Mercè?— al·legories i escenes de la Bíblia... La resta de la catedral m'ha semblat una mica hortera amb aquells caps dels papes penjats a la galeria, que semblen retrats, però es repeteixen els models... Ah, sí, la Mercè ens ha fet notar les escultures i els relleus de la trona, que es veu que era el lloc des d'on predicaven els capellans.

Ara tenim lleure i és qüestió d'aprofitar el temps. Ens passejarem per aquests carrers medievals. Sembla que no hi hagin fet res, però es veu que algunes cases les restauren.

Què mira en Marc? Òndia! No ho havia vist mai. En aquella paret, al costat d'uns cartells que anuncien uns cotxes i unes festes hi ha un rètol imprès amb la fotografia d'una vella i anuncien que s'ha mort. És gros, potser fa mig metre, segons en Marcel, i té una orla negra i diu quan serà l'enterrament. I al costat, n'hi ha dos més, un de jove que va morir en accident de moto... Òndia! Anuncien els morts!

*

*   *

La Roser encara dorm dins del cotxe i la Maite diu que només es desperta per vomitar i que la primera vegada no han pogut salvar la tapisseria. Quina paciència que té en Piero, es deu estimar molt la Maite! Déu vulgui que els vagi bé...

No crec que se'm notin els ulls enrogits, perquè ha estat un moment que m'ha vingut la plorera i l'he salvada. Haig de parlar amb la Mònica, a veure si la Roser explica alguna cosa... Calla, ara sembla que es mig desperta. Però no és el moment, ja li faré explicar aquesta nit, quan li hagi passat la ressaca...

—Antonio, aquesta noia que es quedi dormint a l'autocar... No, home, no li vomitarà, es veu que ja ha tret tot l'alcohol i el que sigui!

Els nois han continuat les dues visites. Remugaven pels carrers costeruts, aquells carrers que són la identitat de Siena, enfilada en els tres turons. Fins i tot ha vingut la Mònica amb la cama enguixada, ajudant-se amb la crossa i amb en Xavier que no la deixa ni un moment... Ho hauré de comunicar al consell escolar, el que va succeir anit. Intercediré perquè no siguin rigorosos... I ells tan tranquils, no tenen pas cap sensació d'haver actuat malament... Malament?... Almenys contra les normes... I això de la Roser. Tant de bo la vinguin a buscar els pares, perquè de viva veu les coses fan de més bon dir. I, és clar, també ho hauré de comunicar al consell escolar...

Ara no em fan tant de mal les cames. M'ha anat com l'anell al dit dormir a l'autocar, tot i que els nervis no em deixen. Nervis i com una tristor, malgrat que no la conec gens, aquesta Roser. ¿I si, d'aquí a uns anys, la Laura em fes una cosa així?

En López potser no fa tan mala cara, però de tant en tant s'atura i es posa la mà a la boca de l'estómac... Deu patir, pobre home. Li donaré conversa...

Un dels racons que m'agraden més de Siena és el darrere de la catedral, amb el devessall d'escales i les cases de color ocre, de terra de siena. Faré notar als nois el color de l'argila de la regió, que ha donat nom al color siena... Però, ¿encara tinc ganes d'explicar res?... Estic ben cansada i molt decebuda.

Quina ceràmica més bonica! En Valls ha comprat una gerra i jo, calla, compraré una d'aquestes piles d'aigua beneïda per a l'habitació de la Laura... ¿Quedarà bé, al costat del pòster d'en Bruce Springsteen?...

Tinc gana i és que els nervis me'n fan venir, sempre em passa. ¿Per què no seiem en aquesta terrassa que dóna a la Piazza del Campo? És l'últim dia i ens podem gastar alguns calés del pressupost per a dietes...

—Que bé que s'està! Amb el vostre permís, em trec les sabates... Fem l'aperitiu? D'acord, un dia és un dia, vaja, l'últim dia... A veure, la carta... Jo prendré una amanida fresca... Verdures... I carn? Sí, aquest fricandó a la sienesa... Valls i vosté, López, són els amos de les begudes... Ah, per a mi, bé, aquest Vernaccia di San Gimignano...

Per qui demanen aquests policies? Vaja, *il capo di gruppo* sóc jo... Un altre problema. Que hi ha dos nois i dues noies a la comissaria... Com diu? ¿Entrada en una propietat sense permís i un atac al dret a la intimitat?... No, no, gràcies, se m'ha esfumat la gana de cop, ja dinaré quan pugui, vinc amb vostè, com més aviat ho resolguem, millor...

*

* *

—Vosaltres? Ester, Olga, Marcel i Marc, mai no ho hauria dit... ¿Que un senyor ha presentat una denúncia?... A veure, explica-m'ho Olga, que aquest comissari parla molt de pressa i no l'acabo d'entendre...

—Hem entrat en una casa, era una entradeta al carrer...

—*Via di Santa Caterina, signora...*

—Gràcies, comissari...

—Això que et deia, hi havia una vella morta...

—Assassinada?

—No, dona... Vetllaven una morta i havíem vist l'anunci al carrer, un cartell ben bé de mig metre, com en diuen?

—Una esquela...

—Això. Entrava molta gent i ens hem ficat a dins de la casa... Era una saleta com de pel·lícula d'aquelles d'abans, d'un actor que al meu pare li agradava molt, un que feia sovint de guàrdia...

—Vittorio de Sica?

—Suposo. Hi havia uns mobles i uns quadres antics, i sobre una tauleta les fotos de tota la vida de la difunta: de jove, amb els fills, amb els néts... I la morta anava vestida com de monja i al voltant de la caixa... (perdona, del taüt), quatre ciris grossos, de cera groga, amb uns canelobres de bronze. Una cosa de pel·lícula, t'ho juro, Mercè... La gent ens mirava estranyada, però ningú no ens ha dit que marxéssim... A ·més era díver, vull, dir, curiós. Unes dones ploraven amb uns grans crits i un capellà resava i també cridava molt. De tant en tant, el capellà agafava una mà de morter, la sucava en una cassoleta i esquitxava la morta...

—Dona, Olga, la beneïa amb un salpasser.

—Bé, doncs, això. Potser hi hem estat uns cinc minuts i, a en Marc, va, i se li acudeix fer una foto amb *flash*... òndia, la que s'ha organitzat. Tothom cridava i ens amenaçaven amb el puny i, en fugir corrents, jo, amb el colze he fet caure un gerro de flors, d'aquelles flors dels morts...

—Bé, encara sort...

—*Cara signora, non è risoluto*, hi ha denúncia contra els quatre nois i, com vostè sap, una denúncia requereix intervenció judicial i em temo que els tràmits poden ser lents... Com diu? Cònsol espanyol a Siena? Que jo sàpiga no n'hi ha, tal vegada a Florència... Ja ho sé que no té importància, però una denúncia és una denúncia...

—Ai, Antonio, sort que ha vingut. Aquesta gent ha organitzat un merder...

—*Unos críos me han avisado*...

—S'han ficat en un embolic...

—Sí ja m'ho han explicat. A veure si aquest comissari es fa càrrec de la nostra situació. Perquè hi ha policies italians que són *bien jodidos... Ascoltami, signore comissario*. Jo hi veig una solució: vaig a buscar la família de la difunta i els porto aquí, i la professora i els nois demanaran excuses i pregaran que retirin la denúncia... Espero que encara no l'hagi cursat. Sort... *Y vosotros decid a un compañero* que tregui les lires d'on sigui i compri un gran ram de semprevives per a la difunta...

Tot s'ha resolt... Bufa! Quina sort! Quins nervis! És que ja no puc més. Xisclaria!... Si ja ho dic jo que aquests nois se'n fumen del mort i del que el vetlla... És clar que ells no podien saber l'espectacularitat que envolta les defuncions a Itàlia.

Aquell xicot jove de la família, fins i tot, ens ha demanat excuses perquè l'oncle Ruggiero es veu que és un busca-raons... I en Marc anava repetint: «Serà una foto de conya!, la presentaré a un concurs»...

Quina gana que tinc! I quina hora és? ¿Dos quarts de cinc? Si volem arribar a Pisa amb claror de dia, ja podem anar marxant... Allà venen pizzes... Almenys variaré. No, no podré menjar verdura; però, almenys, tampoc macarrons...

—Com està la Roser? Carai, quina ressaca!

15

El cor em diu que ja s'han acabat els «i ara, què passa»... Suposo que és perquè només ens queda la tarda de visita i la nit de viatge. Per arribar a Pisa hem de tornar enrere per Florència... Espero que no trobarem tants camions com al matí...

Al personal, que diu l'Antonio, se'l veu cansat...

—I a mi *rendida*, oi Antonio? Ja ho pot dir, ja. Pel que més vulgui, Antonio, posi una música suau.

Haig de parlar amb la Roser, ara? Més val que esperi la tirada llarga fins a Barcelona... En el fons em fa certa angúnia, què li haig de dir? Si fos la meva Laura, ja major d'edat, què li diria? ¿Com reaccionaria, jo? No ho sé. No ho sé pas... sobre el paper tots estem convençuts que els temps canvien, han canviat... Tenim sempre a la boca la paraula llibertat... Llibertat i responsabilitat. La llibertat és ben fàcil d'aconseguir, i la responsabilitat? ¿Qui se'n preocupa de la responsabilitat d'aquestes noies?... Com em pesa aquest any el viatge! Sort que ja s'acaba.

Deixa'm mirar quines novetats hi ha. Ah, caram, en Marcel s'ha assegut al costat de l'Olga. Jo diria que ella l'ha buscat durant tot el viatge... Potser l'haurà trobat el darrer dia. L'aventura a la comissaria els deu haver unit. A l'Olga, se la veia serena davant del comissari; en canvi, l'Ester estava força espantada, plorava i tot. Vaig a seure al seu costat i que m'ensenyi els gatets...

—Ester, deixa-me'ls veure... El negret és preciós i ben grassons que els tens... T'has espantat una mica, oi?, quan us ha detingut la policia. A la comissaria se't veia molt impressionada...

—És que patia pels gatets. Si el comissari els arriba a trobar, què hauria estat del Romeo i del Julieto?... Me'ls estimo molt.

Casundena, la mossa... L'esglai que m'han fumut, m'he quedat sense dinar i ella patia pels gatets... Viatjar a ritme de disset anys, a vegades, és difícil...

Ara sembla ben desperta, la Roser. Mira el paisatge amb una mirada perduda. Per mi que deu estar avergonyida... Aprofitaré per parlar-li.

—Puc seure?

—Fes el que vulguis. En el fons seuràs igual si et dic que no.

—Escolta, noia, jo no et conec perquè no t'he tingut mai a classe...

—Ni ganes. ¿O és que et creus que em moro de pena perquè no puc sentir les teves pallisses?

—Perdona, procura ser ben educada que l'embolic te l'has buscat tu sola...

—Embolic, quin embolic? Jo sempre faig el que em dóna la gana, a Barcelona, a Florència i a Pequín, si és el cas.

—Em sembla molt bé, però jo diria que també tens una responsabilitat, amb tu mateixa, amb els companys i amb els pares.

Guarda silenci i continua mirant per la finestreta. Potser pensa en això...

—Responsabilitat, responsabilitat!... Sóc major d'edat i la meva vida és meva i la gasto com em surt dels dallonses, si en tingués.

—Et dono tota la raó. La teva vida és ben teva, seguríssim, però només en tens una... I no vull fer sermons. Em pica la curiositat per saber com vas conèixer aquells homes. Suposo que deuries lligar a la tarda...

—Sí, és clar... No vaig pas posar cap anunci a les pàgines eròtiques dels diaris italians...

—Bé. No cal que en parlem més. T'haig de dir que immediatament comunicaré als teus pares el que ha passat i, com a cap del viatge, ho notificaré al consell escolar de l'institut.

—Passo de tot... ¿Ho has entès, senyora professora?

Estic com trista i decebuda. Ves de què li haurà

servit el viatge a aquesta noia. Encara rai que és una entre vuitanta.

I la Mònica, què deu fer? Ben estirada amb el cap a la falda d'en Xavier i la cama enlaire... ¿Qui és el ximple que riu d'aquesta manera tan escandalosa? En Roger. I quines ximpleries que fa, ja l'he observat durant el viatge. En parlaré amb el tutor, això té pinta de porrets...

I aquelles dues? ¿Què diantre fan l'una al damunt de l'altra?...

—Ep! Lluïsa, Maria, es pot saber què feu?... Com, xuclets? *Chupetones*? És clar que ho vull veure... Però, que us heu guillat? Ah, la gràcia és que quedi aquest senyal moradenc al coll, com si us hagués mossegat el comte Dràcula... Mare de Déu!... ¿voleu dir a l'Antonio que torni a afluixar una mica la música?... Mireu a la dreta, ja es veu la torre de Pisa!...

*

*   *

—Correm, a veure si encara podem pujar a la torre inclinada, deu ser guai!... Merda, acaben de tancar... Fa efecte, oi Marcel? Sembla que vagi a caure. Fes-me una foto en què se'm vegi a mi aguantant la torre amb una mà... Ves més lluny i que quedi bé, eh?... Ja sé que no és original, però la vull tenir.

»Són bonics els tres monuments il·luminats i amb aquesta gespa tan verda... Vine, Marcel, jeu aquí, s'hi està de conya. A mi, el monument que m'agrada més és la torre; el baptisteri, força, el trobo proporcionat; la catedral potser és massa gran pel meu gust... I que bé que s'hi està, oi Marcel?...

»Què vol en Marc?... ¿Que aquestes vacances podríem anar tots quatre a la casa que tenen a Vallgorguina? ¿Que ens ho passaríem de puta mare perquè ompliríem la piscina? Segur, però jo no sé pas si els meus pares m'hi deixaran anar... Els pares són els pares i mai no saps com reaccionaran amb les seves neures i punyeteries. Si hi van la teva mare i la teva germana gran, potser sí... En tot cas haurà de telefonar la teva mare a la meva i fer tota aquella comèdia del «no pateixi i estigui tranquil·la»... I a tu, Ester, ¿t'hi deixaran anar? Ah, segurament, però t'hauràs d'endur els gatets... No passa res, com que ja estan acostumats a viatjar.

»Ep, en Valls ens crida que anem al restaurant a sopar. El tenim pagat des de Barcelona, oi?... ¿Quantes lires em queden?... Vint mil. Ja sé, hosti, quina idea!, li porto a la mare un quadre d'una aquarel·la de la torre inclinada... La farà feliç i em deixarà anar a Vallgorguina... Marcel, si no tinc prou lires, em fiaràs, oi?

*

*   *

La idea de pagar un sopar des de Barcelona, l'últim dia, és molt bona perquè la majoria d'aquests nois ja no en tenen ni cinc. Aquesta agència són la *leche*, se les saben totes... *Los chavales*, ben tips i a dormir tota la nit... I aquella que ha agafat la trompa sembla que menja amb ganes. I ara, la nit de les parelletes que dic jo, amb la nostàlgia de la tornada i el cansament acumulat...

Macarrons, i tothom pot repetir, i pollastre... El que deia, els deixen ben farts. Home, als profes, ja els podrien servir una mica de *chianti*...

—Escoltin, volen una mica de vi? Hem de celebrar l'èxit de l'excursió, que en conjunt ha anat bé; *bueno, a no ser por algunas chiquilladas* o no tan *chiquilladas*...

Si no sortim a les nou, puntuals, demà no arribarem a les dotze, tal com està previst... *Cuando ustedes gusten*...

*

* *

S'està bé a l'autocar, és força còmode...

—Marcel, em deixes apoiar el cap per dormir? Ja ho sé, tio, que es diu recolzar... Mmmm, que bé! Si et faig nosa m'ho dius, eh?... Quina son. Tant de bo que em deixin anar a Vallgorguina... Escolta, Marc, allà ens podran revelar les fotos, oi?...

Que bé que estic! Em quedaran bons records d'aquest viatge... Faré el diari? Potser no per presentar-lo a la Mercè, sinó per a mi; així escriuré tot el que realment penso... Si l'hagués de presentar hauria de vigilar el que escric perquè la Mercè, malgrat que vulgui dissimular i fer-se l'oberta i la progre, és una mica quica, no deixa de ser una profe...

M'ha costat que en Marcel reaccionés, però ho he aconseguit. Ben mirat ja hauria pogut ser en el viatge d'anada, com tantes altres parelles... Serà burro el paio... Quina son que tinc i que bé que estic!

*

*   *

Sembla que la molèstia a l'estómac no m'empipa tant. Em fa una mica de nosa i prou. De totes maneres em faré fer una revisió completa, no s'hi val a jugar amb la salut a la meva edat.

Aquest costum de dormir les noies repenjades sobre els nois, què dic repenjades, gairebé al damunt!... En Valls afirma que és una qüestió d'educació des de petits. Noi, no sé pas... Abans, quan gosàvem donar la mà a una noia, fer manetes que en dèiem, significava que volíem establir relacions formals... Ai, Senyor, quins temps! Potser sí que estic fet una mica massa a l'antiga, però és que això d'ara... Ben mirat, se'ls veu tan naturals...

Tinc ganes de ser a casa, tot i que la Montse no tornarà del viatge a Amsterdam fins demà passat... En el fons, potser considero amb massa severitat aquests nois i noies...

Fa dos dies que no escric res al diari. L'escriuré aquesta Setmana Santa i així m'entretindré...

*

*   *

Hem arribat a l'acord que l'Antonio posarà la música baixa. I ningú no ha protestat; senyal que aquests angelets bufadors deuen estar rebentats. I quina son! I quina felicitat dormir al llit de casa!

No crec que en Valls tingui problemes per anar sol a l'altre autocar. Quina gràcia quan hem comentat que la Maite duia poca roba per quedar-se uns dies a Florència i el Piero ha respost com un llamp: *Ma, perchè ha bisogno di più?*» Aquests italians són la pera... I ells dos s'han guanyat unes vacances, ben cert.

Estarà contenta la Laura amb la meva arribada i amb les coses que li porto. Tinc tantes ganes de veure-la, de segur que ella també m'ha enyorat. I l'àvia amb els seus tapets de punta, ves, i on els posarem?...

Em trobo massa cansada per analitzar el viatge. Crec, però, que ha estat profitós... Per als nois i noies ha estat el primer contacte amb Europa. Ai, no, que això era abans, que ara ja som molt europeus a casa nostra... I potser sí que és veritat...

A més, en aquests viatges, es veu la manera de ser de cadascun, nosaltres, la d'ells, i ells, la nostra... Ja tindrem ocasió de comentar-ho. Amb els diners que han sobrat de les dietes podríem fer un berenar o un aperitiu, de tornada de vacances, quan tothom ja tingui les fotografies...

On som? A punt de creuar la frontera amb França... Ep! Què és això? ¿Què dimonis passa ara —serà el darrer «què passa ara»—, que l'altre autocar s'atura?

—Antonio, què hi ha?... ¿Un problema de refrigeració del motor? ¿No serà pas perillós continuar corrent? Ah, que no podrem passar dels vuitanta i això, com a mínim, vol dir de dues a tres hores de més per arribar a casa... Bé, què hi farem? Passada la frontera espanyola, telefonarem perquè les famílies no pateixin...

16

—Mamà, mamà, sóc l'Olga. Telefono des de la frontera espanyola.

—...

—Tot molt bé, molt bé, que no patiu que portem tres hores de retard.

—...

—Sí que esperaré que em vingueu a buscar. Escolta una cosa, ¿que em deixareu anar demà a Vallgorguina a casa dels pares d'en Marc, amb l'Ester i en Marcel?

—...

—¿Que encara no he arribat i ja vull tornar a marxar? Fes-te'n càrrec, serà molt díver.

—...

—No, sols no, dona. Hi seran la mare d'en Marc i la seva germana gran.

—...

—Que ja en parlarem; però què els dic, que en principi sí, oi? Escolta, penjo que hi ha cua per telefonar.

S'ha de reconèixer que els pares són la pera.

*

*   *

—Hola... Escolta, ¿però què fas tu, Montse, a Barcelona? Ja heu acabat el viatge?

—...

—¿Que els profes us han enviat, a tu i a la Berta, amb avió perquè no vau anar a dormir a l'alberg d'Amsterdam?

—...

—Que no va ser culpa teva? ¿De qui va ser, doncs?... No sé si et castigaré. Mira, de moment, després de passar la frontera ja m'has donat un disgust. Ja ho veurem si et castigaré. Ets una irresponsable...

—...

—Sí que et deixaré que m'expliquis el que ha passat. Sí, dona que t'escoltaré, ja m'ho explicaràs... Digues a la mare que arribarem amb tres hores de retard... Penjo que hi ha molta gent que vol telefonar.

Els fills... Els fills, els dones tot el que demanen i després, què? Cap mena de responsabilitat.

*

*   *

—Àvia, sóc la Mercè. Arribarem amb tres hores de retard.

—...

—Tot ha anat molt bé i tinc moltes ganes de veure la Laura. Digue-li que s'hi posi, que li porto alguna cosa de record per penjar a l'habitació.

—...

—Què és fora, fins demà passat no l'altre? ¿Ha anat amb la Mireia i els seus pares a la casa que tenen a Alp? Deus haver demanat el telèfon, oi? Almenys que la pugui telefonar... Penjo, que tothom vol trucar a casa seva.

Ves, ja veus com li importo a la Laura... Vaig al lavabo que em ve la plorera... No puc més!...

*

* *

—*Oye, oye*. Sóc l'Antonio...

—...

—Para aquest motor, que amb el soroll no entenc res!

—...

—*Todo bien*, en general, vaja. Arribarem amb tres hores de retard perquè tinc un problema de refrigeració del motor i no puc córrer.

—...

—¿Que m'espavili perquè l'agència de viatges diu que hem de sortir demà a la tarda amb un col·legi cap a Àustria i el Tirol? *Jodidos tíos!...* Escolta, a veure si hi va en Rafa i jo faig algunes feines curtes, que pugui dormir les nits a casa i veure el meu fill...

—...

—Que ja en parlarem, que ja en parlarem! *Joer, tío...* Sempre la mateixa cançó. *Oye, cuelgo*, que se sent molt malament.

Puta feina, aquesta de portar nens malcriats de passeig!

COLUMNA JOVE

1. Oriol Vergés *17 anys, primer viatge a Itàlia*
2. Joaquim Carbó *El vol del colom*
3. Irène Némirovsky *El ball*
4. Fred Uhlman *L'amic retrobat*
5. Alfred Andersch *El pare d'un assassí*
6. Raimon Esplugafreda *Hem nedat a l'estany amb lluna plena*
7. Joaquim Borrell *El bes de la nivaira*
8. Agustí Alcoberro *Una troca embolicada*
9. F. M. Dostoievski *El petit heroi*
10. Josep Francesc Delgado *Si puges al Sagarmatha*
11. Lluís-Anton Baulenas *Rampoines/451*
12. Maite Carranza *La nit dels arutams*
13. Georges Simenon *El boig de Bergerac*
14. Joan Pla *La tornada del cometa Halley*
15. Jesús Bonals *Viatge a l'interior d'un gra d'arena*
16. Oriol Vergés *Vacances de pares*
17. Joaquim Carbó *L'honor de Fazel Madani*
18. Màrius Serra *Tres és massa*
19. Georges Simenon *Set creus en un quadern*
20. Joaquim Buxó *Contes d'Àfrica*
21. H. P. Lovecraft *El cas de Charles Dexter Ward*
22. Tom Sharpe *Wilt*
23. Jaume Macià *Aprenent de detectiu*
24. Brock Cole *Celine*
25. Dolors Garcia *Albert*
26. Francesc Sales *Com un xiprer*
27. Mercè Rodoreda *Mirall trencat*
28. Thomas Mann *La mort a Venècia*
29. Ernest Hemingway *El vell i la mar*
30. Franz Kafka *La metamorfosi*
31. Shichirô Fukazawa *Narayama*
32. Woody Allen *Efectes secundaris*
33. Josep Vallverdú *Els genets de la tarda*
34. Pere Morey *El llaüt de vela negra*
35. Francesc Sales *¡És ella!*
36. Isabel-Clara Simó *Raquel*
37. Jaume Cabré *La teranyina*
38. Georges Simenon *Maigret i el lladre mandrós*
39. Jordi Llavina *Les veus de l'experiència*

40. TONI CUCARELLA *Cool: Fresc*
41. JOAN PLA *Els enemics de «Bola de Drac»*
42. WOODY ALLEN *Sense plomes*
43. JOSEP GÒRRIZ *Inquietud a l'aula 51*
44. MOLIÈRE *El misantrop*
45. AGUSTÍ SEGARRA *La Vall dels Forcats*
46. JOAN SALES *Contes d'ahir i d'avui*
47. JORDI SARSANEDAS *Contra la nit d'Oboixangó*
48. JOSEP VALLVERDÚ *La caravana invisible*
49. PERE QUART *Vacances pagades*
50. LLORENÇ VILLALONGA *Bearn o la sala de les nines*
51. MARGARIDA ARITZETA *Un rock d'estiu*
52. WOODY ALLEN *Com ensorrar la cultura*
53. MERCÈ RODOREDA *La plaça del Diamant*
54. PASCAL QUIGNARD *Tots els matins del món*
55. ISABEL-CLARA SIMÓ *La veïna*
56. JOSEP FRANCESC DELGADO *Sota el signe de Durga*
57. PAU JOAN HERNÀNDEZ *Cordada de rescat*
58. JOSEP GÒRRIZ *Complot: virus K-4*
59. JOAN RENDÉ *El llegat del príncep de Larsa*
60. LARA CARDELLA *Volia dur pantalons*
61. JOAQUIM CARBÓ *Amors a primera vista*
62. JAUME CABRÉ *Galceran*
63. RAFAEL VALLBONA *Pis d'estudiants*
64. XESC BARCELÓ *Casa de troncs a la muntanya*
65. ARTHUR CONAN DOYLE *El gos dels Baskerville*
66. ISABEL-CLARA SIMÓ *Una ombra fosca...*
67. R. L. STEVENSON *L'Illa del Tresor*
68. J. F. DELGADO *Havies d'haver posat la Traviata*
69. TRUMAN CAPOTE *Esmorzar al Tiffanys*
70. J. M. DE SAGARRA *Vida privada*
71. IGNASI MORA *Les veus de la família*
72. ANDREU SOTORRA *El Club dels Caps Rapats*
73. JESÚS BONALS *Uns ulls plens de mar*
74. JAUME CELA *Com una joguina trencada*
75. JORDI SIERRA I FABRA *El temps de l'oblit*
76. JORDI SIERRA I FABRA *Banda sonora*
77. XAVIER CASALS *Contra el poder de Gorm*
78. ZLATA FILIPOVIĆ *El diari de Zlata*
79. GLÒRIA LLOBET *¿Què t'angoixa, Núria?*
80. ALBERT CAMUS *L'estrany*